AF642608

YOUCAT
for Kids

Katholischer Katechismus
für Kinder und Eltern

ihs
יהוה

YOUCAT for Kids

Katholischer Katechismus
für Kinder und Eltern

Mit einem Vorwort von
Papst Franziskus

YOUCAT FOUNDATION

Hinweise zum Gebrauch

Der YOUCAT for Kids – Katholischer Katechismus für Kinder und Eltern – behandelt in kindgemäßer Sprache das Ganze des katholischen Glaubens, wie er im „Katechismus der Katholischen Kirche“ (KKK von 1997) vorgelegt wurde, ohne jedoch die dort gegebene Vollständigkeit anzustreben.

Das Werk ist in Frage-und-Antwort-Form aufgebaut und bietet jeweils im fettgedruckten Frage-und-Antwort-Teil eine kindgemäße und zugleich von der Kirche autorisierte Darbietung des gemeinsamen Glaubens. Darunter finden sich erläuternde Passagen, die dem besseren Verständnis dienen.

Der untere Teil jeder Seite – er steht in einem Farbfond – dient der Elterninformation und der Anregung zum Glaubensgespräch zwischen dem Erwachsenen und dem Kind. Dort wird auch durchgehend auf weiterführende und vertiefende Darlegungen im YOUCAT hingewiesen.

Am Ende des Werkes finden sich Stichwort- und Sachverzeichnisse, mit deren Hilfe sich konkrete Punkte leicht auffinden lassen.

Die Zeichen und ihre Bedeutung

Zitat
Zum Vorlesen
Aus der Bibel
Info
Humor
Aus dem YOUCAT

Impressum

Herausgegeben von der Österreichischen Bischofskonferenz. Text approbiert vom Päpstlichen Rat zur Förderung der Neuevangelisierung am 24. Mai 2018, dem liturgischen Gedenktag Maria, Hilfe der Christen.

Bibliographische Information der Deutschen Nationalbibliothek
Die Deutsche Nationalbibliothek verzeichnet diese Publikation in der Deutschen Nationalbibliografie; detaillierte bibliografische Daten sind im Internet über https://www.dnb.de/ abrufbar.

Das Werk wurde von P. Martin Barta, Michaela von Heereman, Bernhard Meuser, Michael Scharf, Clara Steber und Christoph Weiss erarbeitet unter Mithilfe von Barbara Cremer, Marietheres Hoch und Isabel Meuser.

Projektleitung und Redaktion: Bernhard Meuser
Projektassistenz: Claudia Weiß

© 2018 YOUCAT Foundation gemeinnützige GmbH, Bischof-Kindermann-Str. 23, 61462, Königstein im Taunus, E-Mail: info@youcat.org . Alleiniger Gesellschafter der YOUCAT Foundation ist das Päpstliche Hilfswerk ACN mit Sitz in Königstein im Taunus. Alle Rechte vorbehalten. Die Verwendung der Marke YOUCAT erfolgt mit Zustimmung der YOUCAT Foundation. YOUCAT® ist eine international geschützte Wort- und Bildmarke.

Umschlaggestaltung, Layout, Illustration und Satz: Alexander von Lengerke

Druck und Bindung: FINIDR, s.r.o, Tschechien.

3. Auflage, 1. Nachdruck 3.01_DE_de (Normalausgabe)
1. Auflage, 1. Nachdruck 1.01_DE_de (Geschenkausgabe, Halbleinen)

ISBN 978-3-945148-11-2 (Normalausgabe)
ISBN 978-3-945148-23-5 (Geschenkausgabe, Halbleinen)

www.youcat.org

Die YOUCAT Foundation gemeinnützige GmbH nutzt die Erträge ihrer Verlagsarbeit und Spenden, um junge Menschen weltweit zu befähigen, den katholischen Glauben mit Freude kennenzulernen, zu leben und als aktive Missionare in ihre eigene Umgebung hineinzutragen. Sie können die Arbeit der YOUCAT Foundation gGmbH mit einer Spende unterstützen. Sie können die Arbeit der YOUCAT Foundation durch eine Spende unterstützen: Liga Bank IBAN: DE77 7509 0300 0000 2589 89 / BIC GENODEF1M05

Inhalt

Eure Begleiter durch den YOUCAT for Kids:

Vorwort

von Papst Franziskus

Liebe Kinder, liebe Eltern,

ein 8-jähriger Junge aus Kanada stellte mir einmal die Frage: „Was machte Gott, bevor er die Welt erschaffen hat?" Ich habe nachgedacht und dann geantwortet: „Bevor Gott irgendetwas erschaffen hat, liebte er. Das ist es, was er tat: Er liebte. Gott liebt immer. Daher hat er, als er die Welt erschaffen hat, nichts anderes getan, als geliebt."

Beim Durchblättern des YOUCAT for Kids stoße ich auf die Fragen, die Kinder millionenfach ihren Eltern und Katecheten stellen, deshalb finde ich, dass er ebenso nützlich ist wie der große Katechismus, in dem man Antworten auf die wichtigsten Fragen des Lebens findet: Woher kommt diese Welt? Warum gibt es mich? Wie und wofür sollen wir hier leben? Was geschieht nach dem Tod? YOUCAT for Kids ist ein Katechismus, der ganz anders ist als der, den ich benutzt habe. Er ist dafür geeignet, dass Kinder und Eltern gemeinsam Zeit damit verbringen und dabei die Liebe Gottes immer mehr entdecken.

Liebe Eltern, behaltet diesen kleinen Katechismus bei Euch und findet Zeit, ihn gemeinsam mit Euren Kindern anzuschauen. Seite für Seite, Glaubensgeheimnis für Glaubensgeheimnis, Frage für Frage. Helft Euren Kindern, die Liebe Jesu zu entdecken! Das wird sie stark und mutig machen.

Ich vertraue Euch den YOUCAT for Kids an. Werdet nicht müde, zu fragen und von Eurem Glauben zu erzählen. Bleibt nicht stumm, wenn die Fragen Eurer Kinder drängen, sondern habt immer die Kraft, Übermittler des Glaubens zu sein, den auch Ihr von Euren Eltern empfangen habt. Seid eine lebendige Kette, die es von Generation zu Generation möglich macht, dass das Evangelium in unseren Familien, Gemeinschaften und in der Kirche immer gegenwärtig ist.

Ich segne Euch von ganzem Herzen, und bitte betet für mich.

Franciscus

Einführung

Liebe Eltern, Paten und Begleiter,

immer wieder haben Eltern und Katecheten nach einem Katechismus für Kinder gefragt. Das Medium „Katechismus" gibt es in der Kirche seit über 1000 Jahren. Ein Katechismus ist eine Art Handbuch, in dem man alles findet, was Kinder und Erwachsene wissen müssen, um Schritt für Schritt den christlichen Glauben tiefer kennen zu lernen und selbst eine lebendige Beziehung zu Jesus Christus zu bekommen. Ein Katechismus ist immer von der Kirche autorisiert. Die Kirche verbürgt sich für die Richtigkeit der Inhalte. Neben der Heiligen Schrift ist der Katechismus das zweitwichtigste Medium in der Kirche.

Im Herbst 2013 machten sich Eltern, Lehrer, Priester und Leiter von Kindergruppen aus Österreich, der Slowakei und Deutschland miteinander auf den Weg, um ein solches Handbuch zu schreiben. Es sollte fröhlich und modern sein und Kinder im Alter von 8 bis 12 Jahren ansprechen. Wir wollten das Buch nicht am grünen Tisch entwickeln, sondern vereinbarten gleich zu Beginn, unsere Ergebnisse mit Kindergruppen zu testen. Wir merkten schnell: Nichts ist schwieriger, als etwas Großes auf einfache und klare Weise zu sagen.

Und noch etwas wurde uns klar: Ein Buch über den Glauben kann immer nur ein Hilfsmittel sein. Es reicht nicht, dem Kind den YOUCAT for Kids in die Hand zu drücken mit der Bemerkung: „Lies das mal", in der Hoffnung, das Kind würde schon von allein zu Gott finden oder seinen Glauben vertiefen. Wir sahen ein: Wir würden ein Buch für Kinder und ihre Eltern schreiben müssen. Bücher können helfen – aber letztlich kann man die Weitergabe des Glaubens nicht an Bücher oder Medien delegieren. Den Glauben kann man nur wecken mit der ältesten Methode der Welt: von Herz zu Herz, von Mensch zu Mensch. Die tollsten Bücher, die coolsten Filme können Eltern oder Großeltern nicht ersetzen, die sagen: „Ich glaube an Jesus. Darf ich dir zeigen, wie schön das ist?" Oder: „Komm, wir machen uns zusammen auf den Weg, mehr über den lieben Gott zu erfahren."

Wir sind davon überzeugt, dass der entscheidende Ort der Glaubensvermittlung nicht der Klassenraum, ja nicht einmal die Kirche ist. Vielleicht ist es eine Ecke im Kinderzimmer, ein Strandkorb am Meer, eine Bank im Garten oder die Bettkante. Nichts kann das Gespräch zwischen Menschen ersetzen, die einander gern haben und vertrauen. Erst im Raum liebevoller Nähe kann man den Schatz des Glaubens teilen, mit-teilen oder gemeinsam entdecken. Man kann Fragen stellen und miteinander und voneinander lernen. Dabei kann man einen spannenden Guide an Bord haben – den YOUCAT for Kids.

Kinder haben viele Fragen, z. B. „Warum gibt es mich?" oder „Woher wissen wir überhaupt, dass es Gott gibt?" oder „Warum ist Jesus ans Kreuz genagelt worden?" Ein wunderbarer Einstieg in den Gebrauch des YOUCAT for Kids. Sie können gemeinsam nach Antworten suchen. Das Abendritual ist die beste Gelegenheit, gemeinsam im YOUCAT for Kids zu schmökern. Natürlich können Sie auch die eine oder andere Frage auswählen. Am sinnvollsten ist es, die vorgeschlagene Reihenfolge der Fragen einzuhalten. Denn der Glaube ist über zwei Jahrtausende gewachsen und immer tiefer verstanden worden; man kann daher eigentlich kein Stück herauslassen, ohne Gefahr zu laufen, Wichtiges zu verpassen oder misszuverstehen. Den Sonntag z. B. versteht man nur von der Auferstehung her. Wer etwas von der Auferstehung Jesu weiß, kann Ostern erklären. Wer Ostern verstanden hat, wird sagen können, was mit Oma geschieht, wenn sie stirbt. So greift eins ins andere. Es macht Spaß, der Spur Gottes zu folgen. Und nicht nur die Kinder lernen. Wie oft schon haben Eltern gesagt: „Erst als ich es meinem Kind erklärte, hat es mich selbst gepackt!"

Wie benutzt man den YOUCAT for Kids?
Wir schlagen vor, dass Sie in fünf oder sechs Schritten vorgehen.

- Wenn Sie sich vorbereiten wollen, dann schauen Sie sich die Seite an, die Sie gleich mit Ihrem Kind betrachten wollen. Worum geht es überhaupt? Verstehen Sie, was gemeint ist? Haben Sie selbst einen Zugang? Brauchen Sie zusätzliche Info? Gibt es eine Bibelstelle, die Sie nachschlagen sollten? Lassen Sie auch die Illustration auf sich wirken; das Kind wird sie zuerst entdecken. Die Texte auf der farbig unterlegten Fläche am unteren Seitenrand sind Anregungen für Sie. Manches werden Sie daraus im Gespräch vermitteln können.

- Wenn Sie mit dem Kind zusammen sind, betrachten Sie zunächst einmal die Seite, auf der eine bestimmte Frage steht. Da gibt es eine Menge zu entdecken und oft auch etwas zu lachen. Dafür sorgen schon die beiden frechen Kids Lilly und Bob.

- Wenden Sie sich nun der Frage zu. Oft wird die Illustration der Anknüpfungspunkt für das Gespräch zwischen Ihnen und Ihrem Kind sein.

- Vielleicht klappen Sie den YOUCAT for Kids nun sogar zu. Das Kind hat Vorstellungen; Sie haben Vorstellungen. Wichtig ist, dass Ihr Kind erst einmal sein Vorverständnis oder sogar eine mögliche Antwort formulieren oder Wissen aussprechen darf. Wenn Sie selbst an bestimmten Punkten unsicher sind, ist das nicht schlimm. Es beeindruckt Ihr Kind sogar, wenn Sie sich gemeinsam auf Entdeckungsreise begeben.

- Erst dann schauen Sie bitte im YOUCAT for Kids nach, was dort als Antwort steht. Es ist eine „gemeinsame" Antwort der Kirche, wie sie aus der Bibel und 2000 Jahren Glaubensgeschichte gewonnen wurde. Diese Antwort hat also ein gewisses Gewicht. Manchmal wird die Antwort, die Sie mit dem Kind gefunden haben, nicht völlig übereinstimmen mit der Erfahrung der Kirche. Nicht alles muss man sofort klären. Wenden Sie sich der nächsten Frage zu. Manches kann man erst im Zusammenhang verstehen.

- Wenn Sie es am Ende Ihres Austausches noch schaffen, zusammen mit dem Kind ein freies Gebet zu sprechen, das die Inhalte ihres Gespräches vor Gott bringt, ist Ihnen etwas Wunderbares gelungen!

Und noch etwas: Beten Sie zum Heiligen Geist für die Zeit, in der Sie mit Ihrem Kind im Gespräch sind. Auch wenn es Ihnen zunächst fremd erscheint, Sie werden merken, es geht Ihnen ein Licht auf ...

Übrigens: Wir Autoren machten beim Schreiben nichts anderes als Sie: Wir teilten unseren Glauben. Mit dem Beamer warfen wir eine Frage an die Wand; und dann versuchten wir eine gemeinsame Antwort darauf zu finden, die in Einklang mit der Bibel und der Lehre der Kirche steht. Wir nannten unsere Methode *Community writing*. Die Antworten im YOUCAT for Kids stammen also nicht von einem, sondern von allen Autoren.

Und wir haben noch etwas getan: Über all die Jahre hinweg haben wir gebetet, dass uns etwas gelingt, was Kindern und Eltern wirklich hilft, die Botschaft Jesu für ihr Leben zu entdecken.

Die Autoren des YOUCAT for Kids

1 *Woher kommt die Welt und alles, was es gibt?*

Alles,
was ist,
kommt von
Gott.

2 *Warum gibt es mich?*

**Du bist da,
weil Gott dich will.**

Er kennt dich.
Er hat dich unendlich gern
und möchte dich glücklich machen.

Ein Gott, der Liebe ist: Jesus zeigte sich der heiligen Teresa von Ávila in einer Vision und sagte zu ihr: „Um nur einmal von dir zu hören, dass du mich liebst, würde ich die ganze Welt von neuem erschaffen." So wichtig sind wir Menschen für Gott.

Vision: Von einer Vision (von lat. *videre* = sehen) spricht man, wenn Gott sich einem Menschen auf wunderbare Weise zeigt.

Es ist eine Pflicht für jeden Christen, so glücklich als möglich zu sein.

Clive Staples Lewis (1898–1963), engl. Schriftsteller und Literaturwissenschaftler

3 *Woher wissen wir, dass es Gott gibt?*

**Wir wissen,
dass es Gott gibt,
weil wir überall in der Welt
seine Spuren sehen.**

Schau dir alles an:
Die Sonne am Himmel,
die Sterne in der Nacht,
die Wälder, Berge, Meere und Flüsse,
die großen und die kleinen Tiere,
die Menschen auf allen Kontinenten.
Das alles hat Gott gemacht.

Denn in ihm leben wir, bewegen wir uns und sind wir; wie auch einige von euren Dichtern gesagt haben: Wir sind von seinem Geschlecht.
Apg 17,28

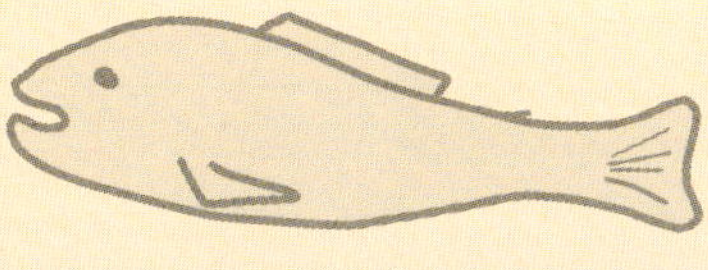

Die Fische im Meer sprachen zueinander. „Man sagt, unser ganzes Leben hängt vom Wasser ab. Aber was ist das? Wir haben es noch nie gesehen." So baten sie einen klugen alten Fisch, ihnen das Wasser zu zeigen. Der alte Fisch sagte: „Oh, ihr dummen Fische! Ihr lebt im Wasser ... und merkt es nicht?" Wie die Fische im Wasser, so lebt der Mensch in Gott. Er kann nicht leben ohne seinen Schöpfer und Erhalter. Und doch fragt der Mensch: „Wo ist Gott?" Zwei Dinge muss man wissen, erstens: Gott ist überall, nichts ist ohne ihn. Und zweitens: Gott ist nicht alles, sondern der Urheber von allem. Er ist unendlich größer als alles, was ist.
Herkunft unbekannt

4 *Kann man Gott erkennen?*

**Nicht ohne seine Hilfe.
Gott ist größer
als alle Bilder und Gedanken,
die sich Menschen von ihm machen.
Gott ist ein großes Geheimnis.**

Gott will, dass wir
ihn kennen und lieben lernen.
Deshalb zeigt er sich uns.
Das nennt man „Offenbarung“.

Offenbarung bedeutet: Gott hat sich gezeigt. Im YOUCAT heißt es: „Wie man in der menschlichen Liebe nur dann etwas von einem geliebten Menschen wissen kann, wenn er uns sein Herz öffnet, so wissen wir nur darum etwas von den innersten Gedanken Gottes, weil der ewige und geheimnisvolle Gott sich aus Liebe zu uns geöffnet hat.“

Siehe auch **Frage 7**: Warum musste Gott sich zeigen, damit wir wissen, wie er ist?

Zu groß

Vom heiligen **Augustinus** (354–430) wird erzählt, dass er einmal am Meer spazieren ging, um über Gott nachzudenken. Ein Kind hatte ein Loch in den Sand gegraben und lief mit der Muschel hin und her, um das Loch mit Wasser zu füllen. „Was machst du da?“, wollte Augustinus wissen. „Ich schöpfe das Meer in das Loch!“, meinte das Kind. „Das wird nicht gehen“, lächelte der Heilige, „das Meer ist viel zu groß!“ Darauf antwortete das Kind: „Und du, Augustinus, wirst es nicht schaffen, die Größe Gottes in deinen kleinen Kopf zu bringen!“

5 *Kann ich mit Gott in Kontakt kommen?*

Ja.
Sprich mit ihm!
Bitte ihn, dass er sich in deinem Herzen bemerkbar macht.

Nicht nur du suchst nach Gott –
Gott wartet schon auf dich.
Egal ob du gerade auf dem Fahrrad sitzt
oder auf den Bus wartest,
sprich ihn einfach an.

Macht Gott sich tatsächlich bemerkbar?
Wer sich Gott in der Stille und im Gebet öffnet, entdeckt, wie Gott „spricht", wie er uns führt, leitet, tröstet, aufrichtet, heilt und mit seiner Liebe beschenkt. Gott ist keine „Energie" hinter den Wolken, sondern Gott ist jemand, den man ansprechen kann – und der antwortet. Lesen Sie dazu Frage 140: Wie kann ich Gott hören?

Ein wunderbares Gebet:
Herr, du hast mich erforscht
und du kennst mich.
Ob ich sitze oder stehe, du weißt von mir.
Von fern erkennst du meine Gedanken.
Ob ich gehe oder ruhe, es ist dir bekannt;
du bist vertraut mit all meinen Wegen.
Deine Augen sahen, wie ich entstand,
in deinem Buch war schon alles verzeichnet;
meine Tage waren schon gebildet,
als noch keiner von ihnen da war.
Psalm 139,1–3.15.16

Die heilige **Schwester Faustina** lebte in Polen. Sie erzählt, dass Jesus ihr sagte: „Bevor Ich die Welt erschuf, liebte Ich dich mit der Liebe, die dein Herz heute erfährt, und Meine Liebe wird sich in Ewigkeit nicht wandeln."

6 *An Gott glauben, wie geht das?*

An Gott glauben heißt:
Ich setze mein ganzes Vertrauen
in den, der mich am meisten liebt.
Ich nehme an, was Gott von sich offenbart.
Ich versuche zu tun, was er mir sagt.

An Gott glauben heißt,
bei ihm geborgen sein.
Gott liebt uns.
Wir brauchen keine Angst zu haben.
Zusammen mit ihm können wir das Beste
aus uns herausholen!

Dein Glaube hat dir geholfen!
Jesus sagte diesen Satz immer wieder, nachdem er Menschen geheilt hatte. Er sagt ihn zu einer geheilten Frau **(Mt 9,22)**, er sagt ihn zu einem Blinden **(Lk 18,42)**, er sagt ihn zu einem Aussätzigen **(Lk 17,19)**.

Der Mann, der Gott vertraute
Der evangelische Pfarrer **Dietrich Bonhoeffer** wurde während der Diktatur Adolf Hitlers in Deutschland verhaftet und zum Tode verurteilt. Im Gefängnis, mitten in seiner Todesangst, schrieb er ein ganz unglaubliches Lied:

„Von guten Mächten wunderbar geborgen,
erwarten wir getrost, was kommen mag.
Gott ist mit uns am Abend und am Morgen
und ganz gewiss an jedem neuen Tag."

7 *Kann jeder glauben, was er will?*

**Ja, aber es hilft nicht weiter.
Christen erfinden den Glauben nicht,
sondern vertrauen Jesus Christus.
Er hat die Wahrheit über Gott gebracht.
Sie steht in der Heiligen Schrift
und in der lebendigen Tradition der Kirche.**

In der Kirche leben wir gemeinsam, was wir von Jesus gelernt haben. Diesen Glauben sollen wir allen Menschen bringen. Auch wenn Gott mit jedem einen eigenen Weg geht, ist Glaube doch eine gemeinsame Sache.

Lesen Sie dazu auch
Frage 8: Wie wird das Wissen über Gott weitergegeben?
Frage 9: Warum sagen Menschen: „Ich kann nicht an Gott glauben?"
Frage 10: Was ist die Bibel?
Frage 50: Was bedeutet das Wort „Kirche"?

Wege zu Gott
Ein Journalist fragte einmal den späteren Papst Benedikt: „Wie viele Wege zu Gott gibt es?" Seine Antwort war: „So viele, wie es Menschen gibt."

Was Christen gemeinsam glauben, steht im „Credo" (siehe auch **Frage 13**). Dieser gemeinsame Glaube ist so wichtig, dass er Sonntag für Sonntag nach der Predigt gemeinsam von allen gesprochen oder gesungen wird.

8 Wie wird das Wissen über Gott weitergegeben?

Im Volk Gottes wurde das Wissen über Gott
von Anfang an durch Erzählen weitergegeben;
es wurde in der Bibel aufgeschrieben,
im Gottesdienst gefeiert
und in der → Kirche verkündet.

Das Volk Gottes ist die Gemeinschaft,
in der die Erfahrungen mit dem lebendigen Gott
richtig verstanden und
von Generation zu Generation weitergesagt werden.
Jeder → Christ, der sein Leben mit Gott lebt,
hat eine Geschichte zu erzählen.
Oft geben die Eltern oder Großeltern
ihren Kindern und Enkeln
den Glauben an Gott weiter.

→ **Kirche:** Wenn sie das Wort „Kirche" hören, denken viele nur an ein Haus oder eine Institution. In den **Fragen 50–52** finden Sie mehr zum Wesen der Kirche.

→ **Christ** ist jemand, der getauft ist und dadurch zu Christus gehört. Was die Taufe ist und was sie mit uns macht, wird in **Frage 66** genauer behandelt.

Das **Glaubenszeugnis** der Eltern oder von Freunden ist oft wichtiger als wortreiche Erklärungen. Kinder brauchen das Vorbild von Erwachsenen, und dass sie ihnen von ihren persönlichen Erfahrungen mit Gott erzählen.

Glaubenswissen
Zwei Mütter unterhalten sich über ihre Kommuniongruppen. „Meine haben keinen blassen Schimmer! Ich habe sie nach den Namen der vier Evangelisten gefragt, und als Antwort kam: Caspar, Melchior und Balthasar!" Sagt die andere Mutter: „Sei doch froh, dass sie wenigstens drei gewusst haben!"

Manchmal sind es Freunde,
die erzählen, wie sie Gott entdeckt haben.
Wenn Christen erzählen,
wie Gott sich ihnen gezeigt hat,
oder wie Gott sie in ihrem Leben
geführt und geheilt hat,
geben sie ein „Zeugnis“
von ihrem eigenen Glauben.

Erzählgemeinschaft

Das Volk Gottes, dem Gott sich über Jahrtausende hinweg immer mehr offenbarte, dürfen wir uns als eine „Erzählgemeinschaft“ vorstellen. An den Lagerfeuern der Hirten, am Brunnen, wo man sich zum Wasserschöpfen traf, im Schatten von Bäumen, auf den Dächern der Häuser, im Tempel – überall wurden die heiligen Geschichten von Gott erzählt. Erst später schrieb man sie auf. Daraus wurden die Heiligen Schriften des Volkes Israel. Auch die frühen Christen lebten eine Zeit lang von der mündlichen Überlieferung, ehe die Evangelien und andere Texte der Urchristen aufgeschrieben wurden. Man fügte sie den Schriften des Alten Testamentes hinzu. Im sogenannten „Kanon“ wurden sie als „Heilige Schrift“ der Christen anerkannt.

9 *Warum sagen Menschen: „Ich kann nicht an Gott glauben"?*

**Manche Menschen haben von Gott noch nichts gehört.
Manche haben → falsche Vorstellungen von Gott und können deshalb nicht an ihn glauben.
Andere haben Böses erlebt, das sie davon abhält, an Gott zu glauben.
Wieder andere versuchen es gar nicht, oder sie wollen von Gott nichts wissen.
Aber Gott liebt jeden Menschen und möchte, dass alle zu ihm finden.**

Manchmal dauert es lange, bis jemand spürt, dass es Gott ist, der an sein Herz klopft. Oft werden Menschen sogar alt, bis sie zum Glauben an Gott kommen und Vertrauen in ihn fassen.

Glaubensschwierigkeiten
Es darf nicht der Eindruck entstehen, dass Menschen weniger wert sind, die Schwierigkeiten mit dem Glauben haben oder gar nicht an Gott glauben können. Gott ist der Schöpfer aller Menschen. Er liebt alle Menschen, ohne Ausnahme.

→ **Diese „Götter" gibt es nicht:**
- Einen Gott, der uns bei Fehlern erwischen will.
- Einen Gott, der unseren Applaus braucht.
- Einen Gott, den die Welt nicht mehr interessiert.
- Einen Gott, der ständig beleidigt ist.
- Einen Gott, der gnadenlos straft.

10 *Was ist die Bibel?*

Die → Bibel ist das wichtigste Buch der Welt.
Wir nennen sie auch Heilige Schrift.
In ihr steht, was wir über Gott wissen.
Die Bibel erzählt uns,
wie sehr Gott uns liebt.
Durch die Worte der Heiligen Schrift
spricht Gott uns direkt an.

Die Heilige Schrift
ist kein Buch mit alten Märchen.
Wenn ich die Bibel lese, weiß ich:
Gott spricht jetzt selbst zu mir.
Wenn zum Beispiel in der Bibel steht:
„Ihr seid das Licht der Welt“ (Mt 5,14),
sind auch wir Christen heute gemeint.
Gott traut uns zu, dass es
durch uns in der Welt
hell und schön wird.

„ Was würde geschehen, wenn wir die Bibel genauso behandeln wie unser Handy? Wenn wir umkehren, um sie zu holen, weil wir sie zu Hause haben liegen lassen, wenn wir sie mehrmals am Tag zur Hand nehmen, wenn wir die Botschaften Gottes in der Bibel lesen, wie wir die Botschaften auf dem Handy lesen?
Papst Franziskus

→ **Bibel**: griechisch *biblos* = Buch

Zwei Christen sprechen miteinander. Der eine sagt: „Erst wenn ich am Abend zehn Minuten in der Bibel gelesen habe, kann ich in Ruhe einschlafen.“ – „Das ist ja merkwürdig“, sagt der andere. „Bei mir ist es genau umgekehrt: Wenn ich am Abend zehn Minuten in der Bibel lese, kann ich nicht mehr ruhig schlafen!“

Challenge
Gehen Sie einmal in eine gute Bibliothek und lassen Sie sich zeigen, wie viele wunderbare Kinderbibeln es gibt!

11 *Stimmt das, was in der Bibel steht?*

Alles in der Bibel,
was wir über Gott unbedingt wissen sollten,
und über unseren Weg zu ihm,
stimmt.

Mit der → Hilfe Gottes
erzählen die Autoren der Bibel,
was sie von Gott verstanden haben
und was das Volk Gottes
mit ihm erlebt hat.
Sie erzählen in ihrer Sprache
und mit dem Wissen ihrer Zeit.

→ Dafür kennt die Kirche das Wort **Inspiration.** Sie meint damit, dass die Autoren der Heiligen Schrift unter dem Einfluss des Heiligen Geistes geschrieben haben, also gewissermaßen „von oben" zur Erkenntnis der Wahrheit von Gott und uns geführt wurden. Ein Beispiel: Die Autoren der Bibel wollten mit der Schöpfungsgeschichte keine wissenschaftliche Darstellung von der Erschaffung der Welt schreiben. Es ging ihnen nicht darum, wie Gott die Welt erschaffen hat, sondern:

- *dass* er sie erschuf
- und *aus dem Nichts* erschuf,
- dass er sie *für uns* erschaffen und unserer Sorge anvertraut hat.

Das wichtigste Buch der Welt

Der atheistische Dramatiker **Bertold Brecht** (1898–1956) wurde einmal gefragt, welches denn das wichtigste Buch der Welt sei. Er antwortete: „Sie werden lachen: die Bibel!"

12 *Was erzählt die Bibel?*

**Die Bibel hat zwei große Teile,
das Alte und das Neue Testament.
Sie beginnt mit der Erschaffung der Welt,
erzählt, wie Menschen Gott kennen gelernt haben,
und endet mit dem Kommen
des neuen Himmels und der neuen Erde.**

Das Alte Testament erzählt,
dass Gott Himmel und Erde erschuf.
Wir lesen, dass er die Menschen erschuf,
wie sie sich → von Gott abwandten und das Paradies verloren.
Sie taten viel Böses, begannen zu lügen,
brachten sich gegenseitig um
und verachteten so den Willen Gottes.
Doch Gott ließ sie nicht fallen.
Er führte das Volk Israel aus der Sklaverei in die Freiheit.
Er gab ihm die → Zehn Gebote für ein gutes Leben.
Er sandte ihm → Propheten.
Das waren weise Männer und Frauen.
Sie machten Gottes Willen unter den Menschen bekannt.
Sie kündigten den Messias,
den Retter der Welt, an.

→ Die Wendung **„sich von Gott abwenden"** ist gleichbedeutend mit „sündigen". Die heilige Teresa von Ávila sagte einmal: „Wer betet, bleibt nicht lange in der Sünde. Denn entweder wird er das Gebet oder die Sünde lassen, weil Gebet und Sünde nicht nebeneinander bestehen können." Zu Sünde und Sündenvergebung: **Frage 55:** Woran erkennt man eine Sünde? und **Frage 56:** Was macht die Sünde mit uns?

→ **Zehn Gebote:** Siehe **Teil 3** ab S. 162.

→ **Propheten:** Das Wort Prophet kommt aus dem Griechischen und bedeutet so viel wie Bote, Voraussager, Sprecher. Gott beruft im Alten Testament Prophetinnen und Propheten, damit sie seinem Volk oder einzelnen Personen Gottes Willen mitteilen. Manchmal wird ein Mensch sogar gegen seinen Willen von Gott gerufen, um anderen Gottes Pläne zu offenbaren.

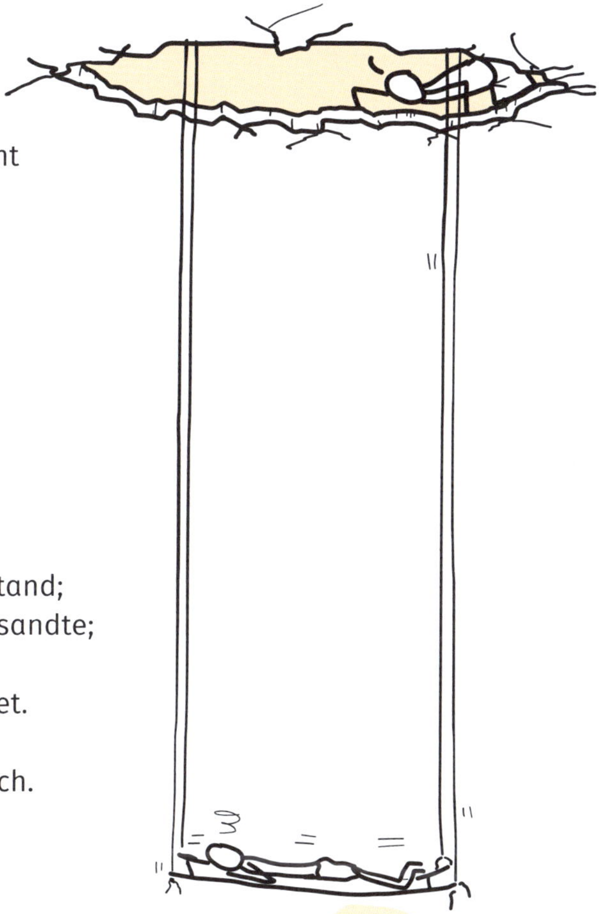

Dieser Messias ist Jesus Christus.
Von ihm erzählt das Neue Testament
von Anfang bis Ende:

Wie er Mensch geworden ist;
wie er Kranke heilte,
wie er Sünden vergab,
wie er Tote auferweckte,
wie er uns lehrte,
sogar unsere Feinde zu lieben;
wie er für uns gelitten hat
und gestorben ist;
wie er den Tod besiegte und auferstand;
wie er uns seinen → Heiligen Geist sandte;
wie er der Herr seiner Kirche ist
und uns am Ende der Zeiten erwartet.

Das alles tat und tut er auch für mich.
Deshalb kann ich sagen:
Er ist auch mein Herr.

→ **Heiliger Geist:** Dazu können Sie **Frage 47** nachlesen: Credo/Hl. Geist

Lesen Sie Ihrem Kind einmal die erstaunliche Geschichte aus dem Markusevangelium **(Mk 2,1–10)** vor! Man muss sich das einmal plastisch vorstellen: Die Leute tun alles, um zu Jesus zu kommen und seine heilende Kraft zu erfahren. Ein Kranker hat dabei so tolle Freunde, dass diese sogar ein Dach abdecken und die Decke durchschlagen, um den Mann, der auf einer Bahre liegt, an Seilen zu Jesus herunterzulassen.

Teil I

DIE WIRKLICHKEIT SEHEN

DAS CREDO

12 Fakten über Gott

Wer Gott,
der Herr der Welt, ist,
woher wir eine ganze Menge
über ihn wissen
und warum es das Wichtigste
auf der ganzen Welt ist,
ihn zu kennen.

13 *Wie geht das → Glaubensbekenntnis (Credo)?*

1 Ich glaube an Gott, den Vater, den Allmächtigen,
den Schöpfer des Himmels und der Erde.
2 Und an Jesus Christus, seinen eingeborenen Sohn,
unsern Herrn,
3 empfangen durch den Heiligen Geist,
geboren von der Jungfrau Maria,
4 gelitten unter Pontius Pilatus,
gekreuzigt, gestorben und begraben,
5 hinabgestiegen in das Reich des Todes,
am dritten Tage auferstanden von den Toten,
6 aufgefahren in den Himmel;
er sitzt zur Rechten Gottes,
des allmächtigen Vaters;
7 von dort wird er kommen,
zu richten die Lebenden und die Toten.
8 Ich glaube an den Heiligen Geist,
9 die heilige katholische Kirche,
Gemeinschaft der Heiligen,
10 Vergebung der Sünden,
11 Auferstehung der Toten
12 und das ewige Leben. Amen

→ Dieses **Glaubensbekenntnis,** auch „Credo" genannt, heißt „Apostolisches Glaubensbekenntnis". Es ist im 5. Jh. in Gallien entstanden. Die frühen Christen haben damit versucht, wichtige Tatsachen des Glaubens in zwölf zentralen Punkten zusammenzufassen. Ein erwachsener Christ sollte dieses Glaubensbekenntnis möglichst auswendig kennen. Etwas früher wurde das „Große Glaubensbekenntnis" aufgeschrieben, und zwar bei Versammlungen von Bischöfen im 4. Jh. in Nicaea und Konstantinopel, dem heutigen Istanbul. Die urchristlichen Glaubensbekenntnisse gehören allen Konfessionen gemeinsam. Sie zeigen, dass die Christenheit im Kern schon eine Einheit ist.

FAKT 1

Ich glaube an Gott, den Vater, den Allmächtigen, den Schöpfer des Himmels und der Erde.

Gott ist.
Gott ist allmächtig.
Gott ist der Schöpfer des Himmels und der Erde.
Gott ist auch unser Vater.

14 *Wer ist Gott?*

Gott ist Gott.

Er ist überall, oben und unten,
gestern und morgen,
ohne Anfang und ohne Ende.
Gott war schon da,
als es noch nicht einmal ein Staubkorn gab.
Und er wird auch dann noch da sein,
wenn die Welt einmal nicht mehr da ist.
Gott ist der, von dem alles Gute
in der Welt herkommt:
Gott ist die Liebe. (1 Joh 4,8)

Ein junger Mann kam zu einem Gelehrten und sagte: „Ich gebe Ihnen 100 Euro, wenn Sie mir sagen, wo Gott wohnt!“ Der Gelehrte antwortete: „Und ich gebe Ihnen 200 Euro, wenn Sie mir sagen, wo er nicht zu finden ist.“

Ehe geboren wurden die Berge, ehe du unter Wehen hervorbrachtest Erde und Erdkreis, bist du Gott von Ewigkeit zu Ewigkeit.
Ps 90,2

Das Wort „Gott“

Darüber sagt der berühmte jüdische Philosoph **Martin Buber** (1878–1965): „Ja, es ist das beladenste aller Menschenworte. Keines ist so besudelt, so zerfetzt worden. Gerade deshalb darf ich darauf nicht verzichten. Die Geschlechter der Menschen haben die Last ihres geängstigten Lebens auf dieses Wort gewälzt und es zu Boden gedrückt; es liegt im Staub und trägt ihrer aller Last ... Wo fände ich ein Wort, das ihm gliche, um das Höchste zu bezeichnen! Nähme ich den reinsten, funkelndsten Begriff aus der innersten Schatzkammer der Philosophie, ich könnte darin doch nur ein unverbindliches Gedankenbild einfangen, nicht aber die Gegenwart dessen, den ich meine ... Wir können das Wort ‚Gott‘ nicht reinwaschen, und wir können es nicht ganzmachen; aber

wir können es, befleckt und zerfetzt wie es ist, vom Boden erheben und aufrichten über einer Stunde großer Sorge.“

15 *Was kann Gott? Wie mächtig ist er?*

Gott hat Macht über alles.

Alles Geschaffene gibt es,
weil Gott es will
und → im Leben hält:
Zeit und Raum,
Himmel und Erde,
das Weltall und die Sterne,
→ Engel, Menschen und Tiere ...
Gott hat alles wunderbar geordnet,
damit der Mensch auf der Erde leben kann.

→ Engel sind unsichtbare, himmlische Wesen. Gott schickt sie als Boten, Tröster und Helfer zu uns. Jeder Mensch hat einen Schutzengel.

→ Siehe auch **Frage 20:** Kümmert sich Gott noch um uns und seine Welt?

i Wir hätten am liebsten einen **„allmächtigen" Gott,** der unsere Probleme löst, in unseren Schwierigkeiten eingreift und den Schmerz wegnimmt. Zunächst ist zu sagen: Indem Gott freie Geschöpfe schuf, ließ er auch zu, dass Menschen in ihrer Freiheit Dinge tun, die Leiden hervorrufen. Mancher fragt sich: Ist das nicht ein schwacher Gott, der sich von Menschen sogar ans Kreuz schlagen lässt? Gottes Allmacht kommt aber nicht in der Zerstörung jeder feindlichen Macht zum Ausdruck, sondern kommt in der Liebe, in der Barmherzigkeit, in der Vergebung, in der Annahme unserer Freiheit und im unermüdlichen Appell an die Bekehrung des Herzens zum Ausdruck, in einer nur scheinbar schwachen Haltung – Gott scheint schwach zu sein, wenn wir an Jesus Christus denken, der betet, der sich töten lässt. Das Kreuz ist aber kein Zeichen der göttlichen *Ohnmacht,* sondern seiner *Allmacht:* Er kann alles, was nur die Liebe tut, sogar aus Liebe leiden und sterben. Das ist die Macht Gottes!
(Nach einem Text von **Benedikt XVI.,** *1927, Papst von 2005–2013)

Y **Frage 40:** Kann Gott alles? Ist er allmächtig?

16 *Wie ist die Welt entstanden?*

**Vor aller Zeit,
als noch gar nichts da war,
nicht einmal das Dunkel,
nicht einmal die Zeit,
war einer da: Gott.
Gott sprach: „Es werde ..."
Deshalb ist Gott
der Schöpfer von allem,
was ist.**

Die Bibel erzählt die Geschichte
von den sieben Schöpfungstagen,
um zu sagen, dass Gott die Welt erschaffen hat.
Seit vielen Millionen Jahren und bis heute
→ entwickelt sich die Erde,
die er in seinen Händen hält.

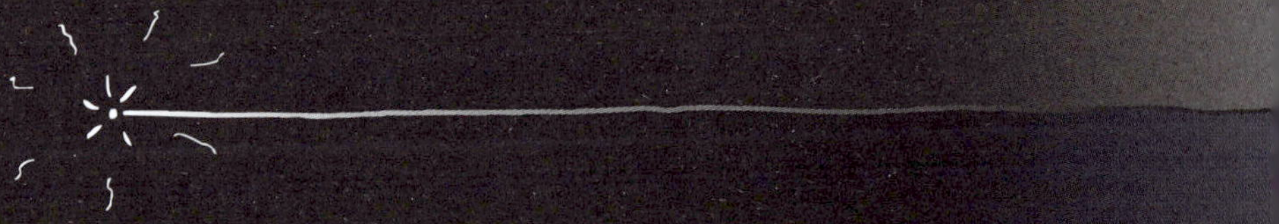

Gott sah alles an, was er gemacht hatte: Und siehe, es war sehr gut.
Gen 1,31

→ Die **Evolutionstheorie** zerstört in keiner Weise den Glauben an Gott, den Schöpfer. Papst Franziskus sagt: „Der ‚Big Bang', der Urknall, den man heute an den Anfang der Welt setzt, steht nicht in Widerspruch zum göttlichen Schöpfungsplan, er verlangt nach ihm. Die Evolution in der Natur steht nicht im Kontrast zum Begriff Schöpfung."

Y **Frage 42:** Kann man von der Evolution überzeugt sein und doch an den Schöpfer glauben?

„Ich war schon oft draußen im Weltraum", protzte der Kosmonaut, „aber ich habe weder Gott noch die Engel gesehen." – „Und ich habe schon viele kluge Gehirne operiert", antwortete der Gehirnforscher, „aber ich habe nirgendwo auch nur einen einzigen Gedanken entdeckt."

Jostein Gaarder (*1952), norweg. Schriftsteller

17 *Was unterscheidet den Menschen von allen anderen Wesen, die Gott gemacht hat?*

**Gott liebt alles, was er gemacht hat.
Auch die Tiere. Aber den Menschen
hat Gott etwas Besonderes geschenkt.
Er hat ihnen die Erde anvertraut,
damit sie sie bebauen und behüten.**
(Vgl. Gen 2,15)

Steine können nichts fühlen.
Tiere folgen ihren Instinkten.
Der Mensch aber kann denken;
er kann fühlen, weinen, lachen
und Verantwortung übernehmen.
Nur der Mensch ist frei:
Er kann wählen
zwischen Gut und Böse.
Mensch und Gott
können sogar Freunde sein.

Was ist der Mensch, dass du seiner gedenkst,
des Menschen Kind, dass du dich seiner annimmst?
Du hast ihn nur wenig geringer gemacht als Gott,
du hast ihn gekrönt mit Pracht und Herrlichkeit.
Du hast ihn als Herrscher eingesetzt
über die Werke deiner Hände,
alles hast du gelegt unter seine Füße.
Ps 8,5–7

Wir sind nicht das zufällige und sinnlose Produkt der Evolution. Jeder von uns ist Frucht eines Gedankens Gottes. Jeder ist gewollt, jeder ist geliebt, jeder ist gebraucht.

Papst Benedikt XVI.

Dann sprach Gott: Lasst uns Menschen machen ... Gott erschuf den Menschen als sein Bild, als Bild Gottes erschuf er ihn. Männlich und weiblich erschuf er sie.
Gen 1,25.27

18 *Wozu bin ich auf der Welt?*

„Ich bin berufen,
etwas zu tun oder zu sein,
wofür kein anderer berufen ist.
Ich habe einen Platz
in Gottes Plan, auf Gottes Erde,
den kein anderer hat.
Ob ich reich bin oder arm,
verachtet oder geehrt bei den Menschen,
Gott kennt mich und ruft mich
bei meinem Namen.“

(→ John Henry Newman)

→ Der selige **John Henry Newman** (1801–1890) war ein großer Gelehrter und englischer Kardinal.

Ich kenne meine Pläne, die ich für euch habe – Spruch des HERRN –, Pläne des Heils und nicht des Unheils; denn ich will euch eine Zukunft und eine Hoffnung geben.
Jer 29,11

Liebe Basia, ich muss dir etwas gestehen. Als ich so alt war wie du, da wollte ich Metzger werden. Jetzt bist du wahrscheinlich erstaunt, aber weißt du, warum ich das werden wollte? Ich bin immer mit meiner Großmutter zum Markt gegangen, und da war ein Metzger, den ich mochte. Er war ein großer Kerl und hatte eine riesige Schürze mit einer Tasche vorn. Wenn meine Großmutter bezahlte, steckte er die Finger in die große Tasche, die voller Geld war, und gab meiner Oma das Wechselgeld. Ich dachte, er müsse ungeheuer reich sein. Das hat mir wirklich imponiert. Ich wollte unbedingt sein wie er. Ich weiß, das ist komisch ...

Basia (8 Jahre), hatte **Papst Franziskus** gefragt: „Wer wolltest du in meinem Alter sein?“

19 *Warum sagen wir zu Gott „Vater“?*

Wir sagen zu Gott Vater,
weil wir durch die Taufe
seine Kinder geworden sind.
Jesus, der Sohn Gottes,
hat uns extra ans Herz gelegt,
dass auch wir Gott
„Vater“ nennen.

Viele menschliche Väter sind mutig,
gerecht, lieb und großzügig.
Manche Väter sind selten oder gar nicht da.
Es gibt auch Väter, die ungeduldig,
egoistisch oder grausam sind.
Kinder, die über ihren Vater traurig sind,
dürfen wissen: Auch sie haben einen guten Vater,
ja den besten Vater der Welt:
den Vater im Himmel.

Die Mutter

... ist genauso wichtig wie der Vater. Deshalb vergleicht sich Gott auch mit einer Mutter, z. B. wenn es in der Bibel heißt: „Wie eine Mutter ihren Sohn tröstet, so tröste ich euch“ (Jes 66,13) oder: „Kann denn eine Frau ihr Kindlein vergessen, ohne Erbarmen sein gegenüber ihrem leiblichen Sohn? Und selbst wenn sie ihn vergisst: Ich vergesse dich nicht“ (Jes 49,15).

Geschichte vom Vertrauen

Hoch über dem Markt führte ein Seiltänzer die gewagtesten Kunststücke auf. Schließlich fragte er die staunende Menge: „Wen darf ich mit der Schubkarre über den Abgrund fahren?“ Keiner wagte, die Hand zu heben. Nur ein kleiner Junge meldete sich, kletterte fix zu dem Seiltänzer hinauf, setzte sich in die Karre, und der Seiltänzer schob ihn über die unter ihm gähnende Tiefe. „Hattest du denn gar keine Angst?“, fragten die Leute danach. „Nein“, lachte der Junge. „Der Seiltänzer ist mein Vater!“

Herkunft unbekannt

20 *Kümmert sich Gott noch um uns und seine Welt?*

**Jede Sekunde
kümmert sich Gott darum,
dass die Welt nicht ins Nichts zurückfällt.
Von den kleinsten Ameisen
bis zu den größten Galaxien –
nichts kann ohne Gott existieren.**

Gott ist nicht wie ein Uhrmacher,
der ein kompliziertes Uhrwerk gebaut hat,
um es danach sich selbst zu überlassen.
Im Gegenteil –
Er kam sogar in diese Welt:
Gott wurde Mensch.
Auch heute ist Gott nicht fern von mir.
Er sieht mich und hört,
wenn ich zu ihm rufe.

Denn so spricht der HERR: Wer euch antastet, tastet meinen Augapfel an.
Sach 2,12

Gott kümmert sich persönlich um mich, um uns, um die Menschheit. Ich bin nicht allein gelassen, nicht verloren im Weltall und in einer immer verwirrender werdenden Gesellschaft. *Er* kümmert sich um mich. *Er* ist kein ferner Gott, dem mein Leben zu unwichtig wäre.

Papst Benedikt XVI.

Behüte mich wie den Augapfel, den Stern des Auges, birg mich im Schatten deiner Flügel.
Ps 17,8

21 *Lenkt Gott mein Leben?*

**Ja, Gott zeigt dir den Weg
und hilft dir, ihn zu gehen.
Aber du bist frei!
Gott lenkt dich nicht
wie einen ferngesteuerten Roboter.**

Gott hat dir die Freiheit geschenkt, damit du selbst dich für das Gute und für ihn entscheidest. Um es dir zu erleichtern, macht er sich in deinem Leben bemerkbar. Er spricht durch dein → Gewissen. Er zeigt sich dir durch Menschen, die dir helfen, aber auch durch schöne Erlebnisse oder in schmerzvollen Erfahrungen.

→ Siehe auch **Frage 113:** Wie merke ich, ob ich Gutes oder Böses tue?

Ein Mann betet zu Gott: „Bitte, bitte, lass mich im Lotto gewinnen!" Er betet heute. Er betet morgen, alle Tage, Woche für Woche, Monat für Monat, Jahr für Jahr. Endlich hört er die Stimme Gottes: „Mann, gib mir endlich eine Chance! Kauf dir einen Lottoschein!"

Warum macht Gott nichts?

Oft wird uns etwas Schweres zugemutet, und wir fragen uns: Warum lässt Gott das zu? Nicht immer finden wir eine Antwort. Manchmal allerdings entdecken wir im Nachhinein, dass Krisen und Probleme zu etwas Gutem führen können. In der Josefsgeschichte aus dem Alten Testament (Gen 37–50) z. B. muss sich Josef von Gott verlassen fühlen, als seine Brüder ihn als Sklaven verkaufen. Erst Jahre später, in Ägypten, wird ihm klar, dass er nur so zum Retter seiner Brüder und seines ganzen Volkes werden konnte. Gott kann auf krummen Zeilen gerade schreiben.

22 *Warum ist die Welt nicht mehr so gut, wie Gott sie gemacht hat?*

**Die Welt ist in so großer Unordnung,
weil wir Menschen leider
immer wieder Böses tun.
Das nennen wir sündigen.
Wir können nicht einfach aussteigen
und behaupten: Von heute an sind wir nur noch gut!
Auch wir lassen uns von der Sünde anstecken.
So geht das seit → Adam und Eva.
Wir nennen das → Erbschuld.**

→ **Adam und Eva**
Das Wort „Adam“ taucht in vielen Sprachen mit der Bedeutung „Mensch“ auf; in der Bibel wird es zum Eigennamen des ersten Menschen. Das Wort „Eva“ bedeutet so viel wie „Leben“ oder „Mutter alles Lebendigen“. Wie die Schöpfungsgeschichte will auch die Erzählung von Adam und Eva keine wissenschaftliche Erklärung bieten, sondern etwas über die Beziehung zwischen Gott und den Menschen sagen: Wir kommen alle von Gott, sind aber aus der ursprünglichen Nähe (Paradies) herausgefallen.

→ Das Wort **„Erbschuld“** bezeichnet nicht unsere eigene Sünde oder unsere eigene Schuld, sondern den Scherbenhaufen, den wir alle erben: den verwundeten Zustand der Menschheit, in den wir hineingeboren werden, noch bevor wir aus freier Entscheidung selbst sündigen. Aber: Jesus hat die Macht der Sünde durchbrochen.

FAKT 2 … und an Jesus Christus, seinen eingeborenen Sohn, unsern Herrn.

Jesus Christus
ist der Sohn Gottes
und unser Herr.

Das Profil von JESUS

Name: Jesus von Nazaret

Mutter: Maria

Nährvater: Josef der Zimmermann

Geburtstag: Weihnachten. Ihr feiert meinen Geburtstag am 25. 12. Ich find's ok. Die meisten Forscher sagen: Ich wurde 7 Jahre vor mir (7 v. Chr.) geboren. Auch okay! Aber richtig cool ist es, dass mit meiner Geburt eine neue Zeitrechnung beginnt. Wusstest du das schon?

Geburtsort: Betlehem in Judäa

Beruf: Zimmermann/Tischler

Sprachen: Muttersprache: Aramäisch; erste Fremdsprache: Hebräisch

Outdoor-Activity: Wandern, Segeln, Bergsteigen

Das mag ich: Mit Kindern zusammen sein, Feste feiern, aber auch mal allein sein, meine Freunde, die Füße gesalbt zu bekommen, Krankheiten heilen und Sünden vergeben, mit meinem Vater im Himmel sprechen, mit Leuten über Gott sprechen

Das nervt mich: Wenn mein Volk in lauter Gruppen gespalten ist, in Arme und Reiche, Fromme und weniger Fromme, und es nicht mehr so lebt, wie Gott es will

Mein größtes Erlebnis: Oh, da gibt's einige … Das da: Als meine Mutter bei einer Hochzeitsfeier mich dazu brachte, Wasser in Wein zu verwandeln, damit die Feier nicht ins Wasser fiel … Das totale Higlight war meine Auferstehung. Ich lebe!

Mein Motto: „Ändert jetzt euer Leben, denn Gott ist schon ganz nah!"

Was ich an dir mag: … dass wir uns hier grad näher kennenlernen!

23 *Wer ist Jesus Christus?*

**Jesus Christus
ist der Sohn Gottes.
Vor über 2000 Jahren kam er
als Baby in Betlehem zur Welt.
Gott selbst wurde Mensch.
Das ist das größte Wunder der Welt.**

Jesus war wirklich Mensch:
Als Baby musste er gewickelt werden;
er schrie wie andere Babys,
wenn er Hunger hatte.
Er wurde müde beim Spielen;
er fror, wenn es kalt war
und schwitzte, wenn es heiß war.
Dennoch war Jesus anders
als alle Menschen vor und nach ihm.

Für mich ist Jesus mein Gott, Jesus mein Leben, Jesus meine einzige Liebe, Jesus in allem mein Alles, Jesus mein Ein und Alles. Jesus, ich liebe dich aus ganzem Herzen, mit meinem ganzen Sein.

Hl. Mutter Teresa (1910–1997)

Im letzten Buch der Heiligen Schrift, der „Offenbarung des Johannes", wird Jesus als der beschrieben, auf den alles im Himmel und auf der Erde zuläuft. Der Herr sagt hier von sich:

Ich bin das Alpha und das Omega, der Erste und der Letzte, der Anfang und das Ende.
Offb 22,13

Ohne Jesus Christus wissen wir weder, was unser Leben, noch, was unser Tod ist, noch, was Gott ist, noch, was wir selbst sind.

Blaise Pascal (1623–1662), frz. Philosoph

24 Was bedeutet das Wort „Christus"?

**Das Wort Christus
bedeutet Gesalbter,
auf Hebräisch: Messias.**

Wenn im alten Israel jemand Herrscher wurde,
salbte man ihn mit heiligem Öl zum König.
Jesus den Gesalbten nennen heißt:
Jesus ist „der Christus",
der Messias, der Retter der Welt,
auf den das Volk Israel wartete.
Er ist der eigentliche und einzige König.
Christus ist also nicht
der Familienname von Jesus,
und auch kein Doppelname
wie Karl-Heinz oder Lara-Jane.

Alexander, Cäsar, Karl der Große und ich, wir haben Weltreiche errichtet. Aber worauf haben wir das, was wir geschaffen haben, gegründet? Auf Macht. Jesus Christus hat sein Reich allein auf Liebe gebaut; und jetzt, zu dieser Stunde, sind Millionen von Menschen bereit, für ihn zu sterben.

Napoleon Bonaparte (1769–1821)

Als Jesus in das Gebiet von Cäsarea Philippi kam, fragte er seine Jünger und sprach: Für wen halten die Menschen den Menschensohn? Sie sagten: Die einen für Johannes den Täufer, andere für Elija, wieder andere für Jeremia oder sonst einen Propheten. Da sagte er zu ihnen: Ihr aber, für wen haltet ihr mich? Simon Petrus antwortete und sprach: Du bist der Christus, der Sohn des lebendigen Gottes!
Mt 16,13–16

„Christ, der Retter ist da! … "
So endet das bekannteste Weihnachtslied der Welt: Stille Nacht …

Am 24.12.1818 führte es Pfarrer **Joseph Mohr** (1792–1848) in Österreich zum ersten Mal auf.

25 *Ist Jesus Christus wirklich Gott?*

Ja.

Fast alle dachten, Jesus
sei ein normaler Mensch.
Aber als Jesus zu lehren begann,
als er gelähmte, blinde
und gehörlose Menschen heilte
und sogar Tote wieder zum Leben erweckte,
spürten sie, dass Gott
in ihm zu uns kam.
Aber selbst die Freunde von Jesus
verstanden wohl erst nach der Auferstehung ganz,
dass er Gottes Sohn und wirklich Gott ist.

Göttlichkeit Jesu?
Der berühmte irische Autor C. S. Lewis („Die Chroniken von Narnia") war zunächst Atheist, fand aber zum christlichen Glauben. Er hatte erkannt, dass man aus Jesus nicht einen ‚Religionsgründer' oder einen von vielen ‚Weisheitslehrern' machen konnte. Der viel höhere Anspruch, den Jesus in den Evangelien für sich erhob, stellte Lewis vielmehr vor die Alternative: „Entweder war dieser Mensch Gottes Sohn, oder er war ein Narr oder Schlimmeres. Man kann ihn verachten ... Oder man kann ihm zu Füßen fallen und ihn Herr und Gott nennen."

„Ich habe mein Herz an diesen Jesus von Nazaret verloren, der vor 1900 Jahren gekreuzigt worden ist; mein ganzes Leben lang versuche ich, ihm ähnlich zu werden."

Sel. Charles de Foucauld
(1858–1916)

26 *Was heißt, Jesus Christus ist der Herr?*

**Es heißt: Alles
ist in seiner Hand.
Raum und Zeit,
Himmel und Erde,
alle Dinge, alle Menschen,
alles ist sein.**

Jesus Christus, der Herr,
ist mächtiger als alle Präsidenten
und wichtiger als alle Stars.
Er ist der Herr auch deines Lebens.

Glaubenszweifel
Viele Menschen sind von Zweifeln geplagt, wenn sie den Schritt wagen sollen, Jesus auch als den Herrn ihres Lebens anzunehmen. Glaubenszweifel kamen allerdings auch schon in der nächsten Umgebung Jesu vor. Und Jesus verstand sie. Der Apostel Thomas durfte sogar seinen Finger in die Wundmale Jesu legen, um zu verstehen, dass er wirklich von den Toten auferstanden war. „Thomas", so sagt Papst Benedikt, „reagiert mit dem wunderbarsten Glaubensbekenntnis des ganzen Neuen Testaments: Mein Herr und mein Gott!" (Joh 20,28).

Papst Franziskus wurde einmal von Judith (8 Jahre) gefragt: „Was magst du an deiner Arbeit als Papst am liebsten?" – „Es macht mich glücklich, mit Menschen zusammen zu sein. Kann ich mit anderen Menschen nicht zusammen sein, dann verbringe ich die meiste Zeit mit Jesus. Ich kann mir mich selbst einfach nicht allein vorstellen."

27 *Sind der Vater, Jesus Christus und der Heilige Geist drei verschiedene Götter?*

**Nein. Es gibt nur einen Gott,
ein Gott in drei Personen.
Gott ist nicht einsam,
sondern in sich Gemeinschaft:
Vater, Sohn und Heiliger Geist.
Dieses Geheimnis
nennen wir Dreifaltigkeit.**

Erst durch Jesus wissen wir,
dass Gott ein dreifaltiger Gott ist.
Jesus Christus ist selbst Mensch und Gott.
Und doch hat er mit Gott, seinem Vater, gesprochen.
Dabei hat er keine Selbstgespräche geführt.
Und er hat uns das Kommen
des Heiligen Geistes versprochen,
der Gott ist, wie der Vater und der Sohn.

Einer in drei?!?
Dass Gott einer ist in drei Personen, ist sicher das tiefste Mysterium des Glaubens. Immer wieder haben Menschen versucht, etwas, was über jede menschliche Vernunft hinausgeht, in Bildern zu fassen. So sei die Trinität wie ein Baum, der aus Wurzeln, Stamm und Zweigen bestehe. Genauso hilflos ist das Bild, der dreifaltige Gott sei wie ein Regenbogen, bei dem die Sonne, der Regen und die Farben zusammenspielen. Fast 2000 Jahre alt ist auch das Bild von den drei Kerzen, die mit einer einzigen Flamme brennen. Alle diese Bilder beschreiben eine unfassbare Realität: dass Gott einer ist und doch Gemeinschaft in sich hat.

FAKT 3 … empfangen durch den Heiligen Geist, geboren von der Jungfrau Maria

Gott wurde Mensch:
Der Heilige Geist erfüllte
die Jungfrau Maria;
sie wurde schwanger
und gebar in Betlehem
Jesus Christus.

28 *Wer ist Maria?*

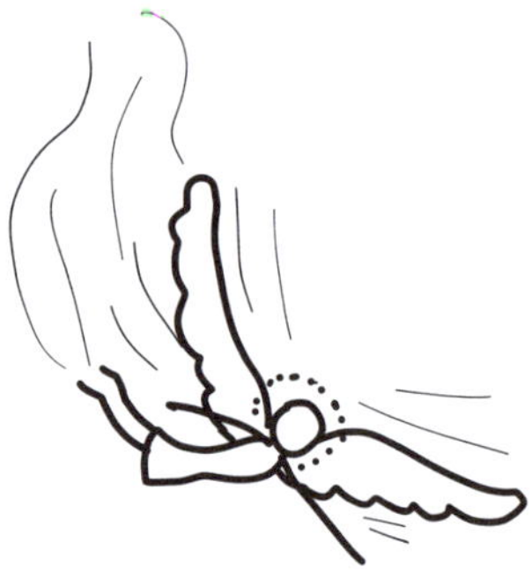

**Maria ist eine noch sehr junge Frau aus Nazaret.
Sie hat Jesus zur Welt gebracht.
Sie wurde das Erstaunlichste,
was ein Mensch je werden konnte:
→ Gottesmutter.**

Eine noch sehr junge Frau
in Nazaret, im heutigen Israel,
erlebt etwas Einzigartiges:
Gott bittet sie durch einen Engel,
die Mutter seines Sohnes zu werden. Maria sagt „Ja!".
Damit kann der Sohn Gottes Mensch werden.
Maria wickelt und füttert Jesus wie ein normales Kind.
Und doch ist Jesus anders.
Maria sieht die Wunder, die Jesus wirkt.
Sie muss aber auch mit ansehen,
wie ihr Sohn geschlagen, gefoltert
und wie ein Verbrecher getötet wird.
Aber sie hört nie auf, Gott zu vertrauen.
Nach seiner Auferstehung und Himmelfahrt
nimmt Jesus Maria ganz zu sich.
Er bereitet ihr eine Traumwohnung im Himmel,
macht sie dort zur Königin und gibt sie dir und mir
und allen Menschen aller Zeiten
zur Mutter. Sie fühlt mit uns.
Wenn wir sie um Hilfe bitten,
steht sie mit uns vor Jesus.

→ **Maria anbeten?**
Viele glauben, Katholiken würden Maria anbeten. Das ist aber falsch: Angebetet werden darf nur Gott. Ein Geschöpf anzubeten ist in der Kirche streng verboten. Aber verehren darf und soll man Maria. Das sagt Maria selbst in der Bibel: „Von nun an preisen mich selig alle Geschlechter" (Lk 1,48). Jesus selbst hat sie auch verehrt und uns zur Mutter gegeben. (Joh 19,27)

Y **Frage 149:** Darf man Maria anbeten?

29 *Was geschah in Nazaret?*

**Die Verkündigung:
Maria bekam
eine Nachricht,
die die ganze Welt
veränderte.**

Der Engel Gabriel
kam zu Maria und sagte zu ihr:
„Gott hat genau dich ausgesucht.
Er hat etwas vor und er braucht dich dafür."
Da bekam Maria einen Riesenschreck.
Der Engel sagte: „Keine Angst, Maria,
du bist genau die Richtige für diesen Plan.
Du wirst ein Kind bekommen, und zwar ein besonderes.
Gib ihm den Namen Jesus!"

Maria sagte: „Aber ich bin doch gar nicht
mit einem Mann zusammen!"
Der Engel sagte: „Das Kind ist von Gott.
Der Heilige Geist macht das."
Da sagte Maria: „Ich bin dabei!"

SMS vom Himmel
Überlegen Sie doch einmal mit Ihrem Kind, Sie bekommen eine SMS mit der Nachricht: „Komme Freitag, den 24.12., gegen Mitternacht. Kann mich wer abholen? LG, Jesus." Was würden Sie tun?

Nazaret war ein kleines, unbedeutendes Dorf im Norden von Galiläa. Noch im 19. Jahrhundert wurde sogar behauptet, Nazaret habe es gar nicht gegeben. Im 20. Jahrhundert bewiesen aber archäologische Ausgrabungen das Gegenteil. Man nimmt heute an, dass zur Zeit Jesu dort etwa 200 bis 500 Menschen lebten. Man fand unter anderem ein bescheidenes Haus mit zwei Zimmern und eine Zisterne für die Wasserversorgung der Einwohner.

30 *Welche Rolle spielte Josef?*

**Josef war der Verlobte von Maria
(... und das Beste, was ihr passieren konnte).
Er war nämlich ein gerechter Mann,
der auf Gott hörte.
Als Maria ein Kind erwartete,
das von Gott und nicht von Josef war,
verließ er sie nicht,
sondern nahm sie zur Frau.
Er vertraute der → Stimme Gottes im Traum
und sorgte für Jesus und Maria.**

Josef war Handwerker.
Er baute Häuser.
Jesus lernte von ihm
und arbeitete später mit ihm.
Josef ist ein großer Heiliger.
Er wird bei Gott für dich
ein gutes Wort einlegen,
wenn du einmal Hilfe brauchst.

Jede christliche Familie kann – wie Maria und Josef es getan haben – vor allem Jesus aufnehmen, ihm zuhören, mit ihm sprechen, ihn behüten, ihn schützen, mit ihm wachsen und so die Welt verbessern. Wir wollen in unserem Herzen und in unserem Tagesablauf Raum schaffen für den Herrn. Das taten auch Maria und Josef, und es war nicht leicht.

Papst Franziskus (*1936), seit dem 13. März 2013 der 266. Bischof von Rom

→ Während er noch darüber nachdachte, siehe, da erschien ihm ein Engel des Herrn im Traum und sagte: Josef, Sohn Davids, fürchte dich nicht, Maria als deine Frau zu dir zu nehmen; denn das Kind, das sie erwartet, ist vom Heiligen Geist.
Mt 1,20

31 *Was ereignete sich in Betlehem?*

In Betlehem wurde es zum ersten Mal Weihnachten. Dort kam nämlich Jesus zur Welt.

Der römische Kaiser gab einen Befehl:

Deshalb musste Maria,
die jede Minute ihr Baby erwartete,
mit Josef nach Betlehem reisen.
Dort war es aber so voll,
dass sie kein Hotel mehr fanden.

„Als Jesus geboren wurde, stand kein Heer von Ärzten und Hebammen am Bett einer Königinmutter. Es klangen keine Fanfaren von der Schlossbalustrade. Gott machte sich klein, um zu den Kleinen zu kommen, wurde Mensch im Alltag von Armen, geboren in einer Tier- und Menschenunterkunft, draußen auf dem Feld. Der kleine König lag auf Stroh gebettet, und schrie nach Milch. Und die Armen kamen zum Babygucken …
Luc Serafin

→ ***Dalli:*** (ugs., aus dem Kaschubischen) hurtig, flott, am besten schon vorgestern.

Es gab nur noch einen Stall.
Dort, in der Nacht, wurde Jesus geboren.
Mama Maria hatte nicht einmal ein Kinderbett.
Sie legte Baby Jesus in einen Futtertrog.
In der Nähe hüteten Hirten ihre Schafe.
Plötzlich erschraken sie:
Engel jubelten am Himmel.

Sie riefen: „Habt keine Angst!
Heute wurde euch der Retter geboren,
auf den ihr schon so lange wartet."
Die Hirten brachen sofort auf.
Sie fanden den Stall und das Kind.
Einfache Hirten waren die ersten,
die den Retter der Welt sahen.

Und so berichtet die Heilige Schrift davon:

Weihnachtsgeschichte (Lk 2,1–20)

Es geschah aber in jenen Tagen, dass Kaiser Augustus den Befehl erließ, den ganzen Erdkreis in Steuerlisten einzutragen. Diese Aufzeichnung war die erste; damals war Quirinius Statthalter von Syrien. Da ging jeder in seine Stadt, um sich eintragen zu lassen. So zog auch Josef von der Stadt Nazaret in Galiläa hinauf nach Judäa in die Stadt Davids, die Betlehem heißt; denn er war aus dem Haus und Geschlecht Davids. Er wollte sich eintragen lassen mit Maria, seiner Verlobten, die ein Kind erwartete.

Es geschah, als sie dort waren, da erfüllten sich die Tage, dass sie gebären sollte, und sie gebar ihren Sohn, den Erstgeborenen. Sie wickelte ihn in Windeln und legte ihn in eine Krippe, weil in der Herberge kein Platz für sie war.

In dieser Gegend lagerten Hirten auf freiem Feld und hielten Nachtwache bei ihrer Herde. Da trat ein Engel des Herrn zu ihnen und die Herrlichkeit des Herrn umstrahlte sie und sie fürchteten sich sehr. Der Engel sagte zu ihnen: Fürchtet euch nicht, denn siehe, ich verkünde euch eine große Freude, die dem ganzen Volk zuteilwerden soll: Heute ist euch in der Stadt Davids der Retter geboren; er ist der Christus, der Herr. Und das soll euch als Zeichen dienen: Ihr werdet ein Kind finden, das, in Windeln gewickelt, in einer Krippe liegt. Und plötzlich war bei dem Engel ein großes himmlisches Heer, das Gott lobte und sprach: Ehre sei Gott in der Höhe und Friede auf Erden den Menschen seines Wohlgefallens.

Und es geschah, als die Engel von ihnen in den Himmel zurückgekehrt waren, sagten die Hirten zueinander: Lasst uns nach Betlehem gehen, um das Ereignis zu sehen, das uns der Herr kundgetan hat! So eilten sie hin und fanden Maria und Josef und das Kind, das in der Krippe lag. Als sie es sahen, erzählten sie von dem Wort, das ihnen über dieses Kind gesagt worden war. Und alle, die es hörten, staunten über das, was ihnen von den Hirten erzählt wurde.

Maria aber bewahrte alle diese Worte und erwog sie in ihrem Herzen. Die Hirten kehrten zurück, rühmten Gott und priesen ihn für alles, was sie gehört und gesehen hatten, so wie es ihnen gesagt worden war.

Was die Menschen von Jesus sahen:

Jesus im Tempel

„Warum habt ihr mich gesucht? Wusstet ihr nicht, dass ich in dem sein muss, was meinem Vater gehört?" (Lk 2,49)

Jesus wird getauft

Der Heilige Geist kam sichtbar in Gestalt einer Taube auf ihn herab und eine Stimme aus dem Himmel sprach: Du bist mein geliebter Sohn, an dir habe ich Wohlgefallen gefunden. (Lk 3,22)

Jesus beruft Jünger

„Fürchte dich nicht! Von jetzt an wirst du Menschen fangen." (Lk 5,10)

Jesus vermehrt Brot

Sie sammelten und füllten zwölf Körbe mit den Brocken, die von den fünf Gerstenbroten nach dem Essen übrig waren. (Joh 6,13)

Jesus wandelt Wasser in Wein
„Füllt die Krüge mit Wasser!" Und sie füllten sie bis zum Rand. (Joh 2,7)
Jesus lehrt
Als Jesus die vielen Menschen sah, stieg er auf den Berg. Er setzte sich und seine Jünger traten zu ihm. Und er öffnete seinen Mund, er lehrte sie. (Mt 5,1f.)
Jesus kehrt bei Zachäus ein
„Der Menschensohn ist gekommen, um zu suchen und zu retten, was verloren ist." (Lk 19,10)
Jesus ruft die Kinder zu sich
„Lasst die Kinder zu mir kommen; hindert sie nicht daran! Denn solchen wie ihnen gehört das Reich Gottes." (Mk 10,14)

Jesus heilt einen Gelähmten
„Ich sage dir: Steh auf, nimm deine Liege und geh nach Hause!" (Mk 2,11)
Jesus wird auf dem Berg verklärt
Und er wurde vor ihnen verwandelt; sein Gesicht leuchtete wie die Sonne, und seine Kleider wurden weiß wie das Licht. (Mt 17,2)
Jesus geht über das Wasser
In der vierten Nachtwache kam Jesus zu ihnen; er ging auf dem See. (Mt 14,25)
Jesus zieht in Jerusalem ein
Da nahmen sie Palmzweige, zogen hinaus, um ihn zu empfangen, und riefen: „Hosanna! Gesegnet sei er, der kommt im Namen des Herrn, der König Israels!" (Joh 12,13)

FAKT 4 … gelitten unter Pontius Pilatus, gekreuzigt, gestorben und begraben

Unter Pontius Pilatus
wurde Jesus Christus gefoltert
und zum Tod verurteilt.
Er ist für uns am Kreuz gestorben
und ist begraben worden.

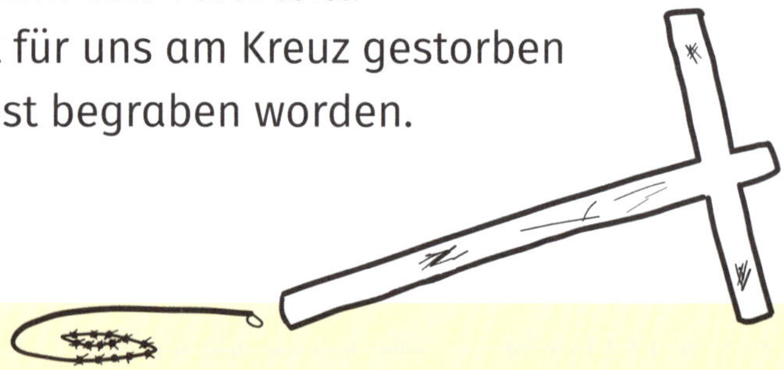

32 *Wer war dieser Pontius Pilatus?*

Pontius Pilatus war der Vertreter des römischen Kaisers in Jerusalem. Er hat Jesus zum Tode verurteilt, obwohl er wusste, dass er unschuldig war.

Wer war schuld an Jesu Tod? Häufig gab man in der Geschichte den Juden die Schuld am Tod Jesu. Das ist falsch und biblisch nicht haltbar. Jesus hatte Freunde, aber auch Gegner unter den führenden Personen im damaligen Israel. Wahr ist: Am Prozess Jesu waren verschiedene römische und jüdische Personen und Institutionen beteiligt: Kajaphas, Judas, der Hohe Rat, Herodes und Pontius Pilatus. Ihre individuelle Schuld kennt nur Gott. Pontius Pilatus, der Statthalter des Kaisers, scheint dem Druck anderer nachgegeben zu haben; so beschreibt der Evangelist Matthäus, wie er sich in einer symbolischen Aktion Wasser bringen ließ, um seine Hände in Unschuld zu waschen (Mt 27,24).

33 *Welche Verbrechen warf man Jesus vor?*

**Man warf Jesus vor,
er habe → Gott gelästert und
gegen das Gesetz verstoßen.
Er habe eine Revolution
gegen den Kaiser anführen wollen,
um selbst die Macht im Land zu übernehmen.**

Die Anklagen waren falsch.
Jesus war kein Gotteslästerer,
er war wirklich der Sohn Gottes.
Auch hatte Jesus große Achtung
vor den Geboten Gottes.
Er zeigte den Menschen,
wie man sie verstehen muss.
An Revolution und Gewalt dachte Jesus nicht;
er wollte die eigentliche Macht Gottes
in die Welt bringen: die Liebe.

→ **Gotteslästerung**
Nur der Mord war im Alten Israel ein ähnlich schlimmes Vergehen wie Gotteslästerung.

„Die Liebe Jesu besteht gerade darin, dass er sich lieber von uns Menschen ans Kreuz schlagen lassen will, als dass er Menschen mit Gewalt zu irgendetwas zwingen möchte.“

Kardinal Kurt Koch (*1950)

„Es gibt wirklich nur eine Stelle in der Welt, wo wir kein Dunkel sehen. Das ist die Person Jesus Christus.“

Albert Einstein (1879–1955), dt. Physiker

34 *Warum hat Jesus sich das gefallen lassen?*

Aus Liebe. Jesus sagt:
„Es gibt keine größere Liebe,
als wenn einer sein Leben
für seine Freunde hingibt.“ (Joh 15,13)

Wer den Weg der Liebe geht,
muss oft Schweres auf sich nehmen.
Wer sich gegen Gewalt entscheidet,
scheint häufig zu den Verlierern zu gehören;
er wird ausgenutzt und verlacht,
manchmal sogar gequält.
Trotzdem ist es der richtige Weg.
Liebe, die sogar Leiden auf sich nimmt,
ist Gottes Methode,
die Welt heil zu machen.

„Freundlichkeit wird siegen, Mitgefühl wird siegen, Lachen wird siegen, Liebe, Zuwendung, Teilen wird siegen. Denn wir sind für das Gute gemacht. Wir sind für Liebe gemacht.

Desmond Tutu (*1931), Friedensnobelpreisträger

„Nicht die Gewalt erlöst, sondern die Liebe. Sie ist das Zeichen Gottes, der selbst die Liebe ist. Wie oft wünschten wir, dass Gott dreinschlagen würde, das Böse ausrotten … Alle Ideologien der Gewalt rechtfertigen sich mit diesen Motiven: Es müsse auf solche Weise zerstört werden, was der Befreiung der Menschheit entgegenstehe. Wir leiden unter der Geduld Gottes. Und doch brauchen wir sie alle. Der Gott, der Lamm wurde, sagt es uns: Die Welt wird durch den Gekreuzigten und nicht durch die Kreuziger erlöst. Die Welt wird durch die Geduld Gottes erlöst und durch die Ungeduld der Menschen verwüstet.

Papst Benedikt XVI.

Das Leiden Christi

35 *Hatte Jesus keine Freunde mehr?*

Als das Leiden Jesu begann,
verließen ihn viele seiner besten Freunde.
Als Jesus gekreuzigt wurde,
waren nur noch wenige da:
einige Frauen, Maria, seine Mutter,
und sein bester Freund Johannes.

Die Jünger schliefen, während Jesus
vor seiner Gefangennahme
in Todesangst zitterte.
Judas verriet ihn für 30 Silbermünzen.
Petrus, der Anführer der Apostel,
tat so, als würde er Jesus
gar nicht kennen.

Die Personalpolitik Gottes

Warum macht Jesus ausgerechnet einen der schwächsten von seinen Jüngern, den Petrus, zum Leiter der Apostel? Alle Evangelien berichten von seinem Versagen. Aber das ist nicht nur bei Petrus so. Wieso wird ein rabiater Christenverfolger wie Paulus der große Völkerapostel? Jesus sucht offenbar gar nicht nach perfekten Helden. Jesus ist „gekommen, um zu suchen und zu retten, was verloren ist" (Lk 19,10). Und das betrifft auch die, denen Jesus ein Leitungsamt gibt. An irgendeiner Stelle sind wir übrigens alle schwach, sind schlechte Freunde, Feiglinge oder gar Verräter. Aber es gibt einen Trost, denn Jesus hat gesagt: „Meine Gnade genügt dir; denn die Kraft wird in der Schwachheit vollendet." Daher sagt Paulus: „Viel lieber also will ich mich meiner Schwachheit rühmen, damit die Kraft Christi auf mich herabkommt" (2 Kor 12,9).

Jesus bleibt treu, er verrät uns niemals: auch wenn wir einen Fehler gemacht haben.
Papst Franziskus

Der Leidensweg Jesu (vgl. Mk 14–15, Joh 18–19)

Jesus wird vorgeführt (Ecce homo)
Jesus muss sein eigenes Kreuz tragen
Jesus fällt unter dem Kreuz
Simon von Cyrene muss Jesus helfen
Veronika reicht Jesus das Schweißtuch
Jesus wird ans Kreuz genagelt
Jesus stirbt am Kreuz
INRI

36 *Ist Jesus wirklich am Kreuz gestorben?*

Ja.

Jesus starb am Vorabend des → Pessachfestes, gegen 15 Uhr.
Wir nennen diesen Tag heute Karfreitag.
Die Todesursache waren seine schweren Wunden
von der Geißelung und das Ersticken am Kreuz.
Als ein Soldat eine Lanze in die Seite Jesu stieß,
kam Blut und Wasser heraus –
ein sicheres Zeichen für den Tod.
Die Leiche wurde vom Kreuz genommen,
→ einbalsamiert, in Tücher gewickelt
und in ein leeres Felsengrab gelegt.

Vor das Grab wurde ein schwerer Stein gerollt.
Am dritten Tag nach seinem Tod
kamen Frauen zum Grab.

Jesus aber schrie noch einmal laut auf. Dann hauchte er den Geist aus. Da riss der Vorhang im Tempel von oben bis unten entzwei. Die Erde bebte und die Felsen spalteten sich.
Mt 27,50 f.

→ **Pessachfest:** siehe S. 120!

→ Einen toten Körper **einbalsamieren** bedeutet: ihn mit einem Gemisch aus Harzen und Ölen einzureiben.

„Jesus hat sein Leben für mich gegeben und es ist mir eine Ehre, dasselbe für ihn zu tun.
Mary Pierce (*1975), frz. Tennisspielerin

FAKT 5

… hinabgestiegen in das Reich des Todes, am dritten Tage auferstanden von den Toten

Jesus Christus
war bei den Verstorbenen
und ist am dritten Tag
auferstanden.
Er lebt.

37 *Warum feiern wir eigentlich Ostern?*

Freundinnen von Jesus kamen zum Grab und fanden es offen und leer! Die Frauen dachten zunächst: Jemand hat den toten Jesus gestohlen. Die Leiche war aber nicht gestohlen worden. Jesus war von den Toten auferstanden, wie er vorhergesagt hatte.

Wert der Augenzeugen
Die Auferstehung Jesu ist kein Märchen; es geht um ein konkretes Ereignis, das von Jüngerinnen und Jüngern bezeugt wurde. Die ersten Augenzeugen waren drei Frauen, die am Ostermorgen das leere Grab entdeckten. Hätte man die Auferstehung erfunden, hätte man sich niemals auf Frauen als Augenzeugen berufen. Im Judentum akzeptierte man nur Männer vor Gericht als glaubwürdige Zeugen. Siehe auch:

Frage 106: Gibt es Beweise für die Auferstehung Jesu?

Sogleich verließen sie das Grab voll Furcht und großer Freude und sie eilten zu seinen Jüngern, um ihnen die Botschaft zu verkünden. Und siehe, Jesus kam ihnen entgegen und sagte: Seid gegrüßt! Sie gingen auf ihn zu, warfen sich vor ihm nieder und umfassten seine Füße. Da sagte Jesus zu ihnen: Fürchtet euch nicht!
Mt 28,8–10

38 *Was bedeutet „auferstehen“?*

**„Auferstehen“ heißt:
Jemand, der wirklich gestorben ist,
bekommt von Gott neues Leben.**

So war es bei Jesus.
Nach seinem Tod zeigte er sich
seinen Freunden und vielen anderen –
voll lebendig!
Er ließ sich sogar von ihnen berühren
und aß und trank mit ihnen.
Der auferstandene Jesus
lebt für immer.

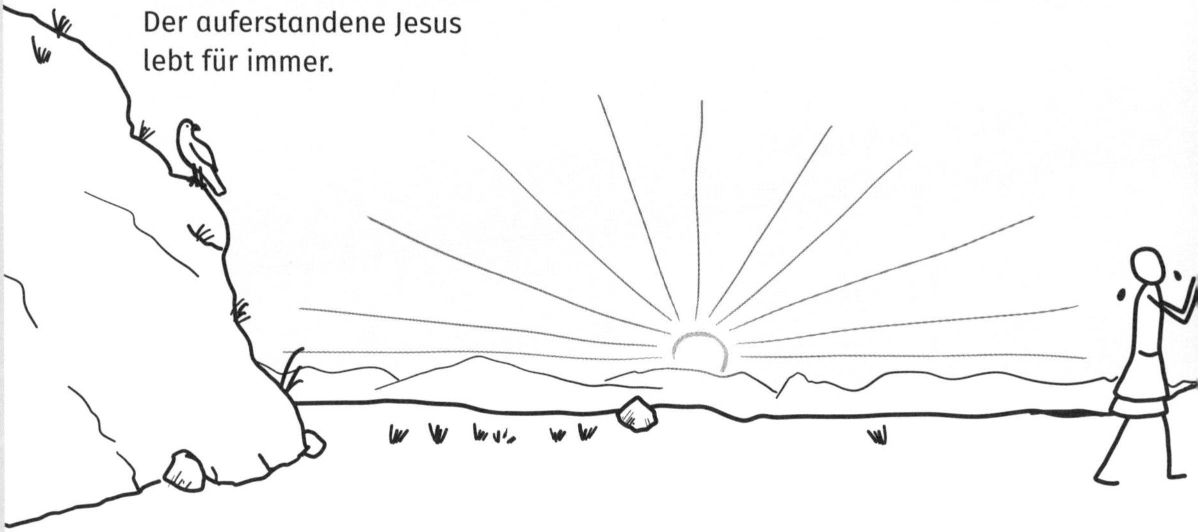

Die Auferstehung – ein Betrug der Apostel?

Jesu Hinrichtung und Begräbnis fand mitten in Jerusalem statt und wurde betrieben von Menschen, die keinerlei Interesse an dummen Gerüchten („Er ist auferstanden von den Toten, wie er gesagt hat!“) haben konnten. Nun fand man das Grab aber leer, was auch von jüdischer Seite nicht bestritten wurde. Konnten die Jünger die Leiche Jesu nicht tatsächlich gestohlen haben? Dann hätten sie gewusst: „Wir sind Betrüger!“ Tatsächlich haben fast alle Apostel für ihren Glauben Verfolgung, Folter und Tod in Kauf genommen. Für Fake News hätten sie das nicht getan. Sie waren todsicher, den Auferstandenen gesehen zu haben. Und wäre der blutige Christenverfolger Saulus, der später der heilige Paulus wurde, wirklich Christ geworden, wenn er die Auferstehung für eine Erfindung gehalten hätte? Sicher nicht. Er hätte das beste Argument gehabt, die „Sekte“ der Christen endgültig zu vernichten.

An **Ostern** feiern Christen auf der ganzen Welt jedes Jahr die Auferstehung von Jesus Christus, dem Sohn Gottes. Es ist das wichtigste Fest der christlichen Kirche – sogar noch wichtiger als das Weihnachtsfest. In den Tagen rund um das Osterfest – →

→ **DIES IST DIE SELIGE NACHT, IN DER CHRISTUS DIE KETTEN DES TODES ZERBRACH UND AUS DER TIEFE ALS SIEGER EMPORSTIEG.**

→ Palmsonntag, Gründonnerstag, Karfreitag, Karsamstag, Ostersonntag und Ostermontag – finden deshalb auch besondere Gottesdienste in den Kirchengemeinden statt.
Mit diesen Worten erklärte **ALDI/Hofer**, der größte Lebensmitteldiscounter im deutschsprachigen Raum, 2016 seinen Kunden, was Ostern ist.

Die Freude der Osternacht

Kein Gottesdienst im ganzen Jahr ist ergreifender als die Osternacht. Während es noch dunkel ist, brennt draußen vor der Kirche das Osterfeuer, an dem der Priester die Osterkerze entzündet. Das ist das Zeichen, dass Christus lebt und für uns alle das „Dunkel des Todes und der Sünde" überwunden hat. In feierlichem Zug wird die Osterkerze nun in die dunkle Kirche getragen. In dreimal steigendem Ton ertönt das *Lumen Christi* (= Licht Christi). Alle antworten: *Deo gratias!* (= Dank sei Gott). Wie sich, vom Licht der Osterkerze ausgehend, langsam der ganze Raum erhellt, so breitet sich eine tiefe Freude über das Wunder der Erlösung unter den Anwesenden aus. Von Ostern her wird es hell in jedem Leben.

→ Auszug aus dem „Exsultet" (Osterlob), dem großen Verkündigungsgesang von Ostern am Anfang der Osternachtsliturgie.

39 *Wie erfuhren immer mehr Leute von der Auferstehung?*

Im ältesten Text der Bibel über die Auferstehung heißt es:
Er „erschien dem Kephas, dann den Zwölf.
Danach erschien er mehr als fünfhundert Brüdern zugleich;
die meisten von ihnen sind noch am Leben,
einige sind entschlafen.
Danach erschien er dem Jakobus,
dann allen Aposteln.“ (1 Kor 15,5–7)

Auch die → Evangelisten berichten
von Begegnungen mit dem auferstandenen Jesus:
im Garten, am See, auf dem Weg nach Emmaus,
im Obergemach eines Hauses.
Die Begegnungen mit dem Auferstandenen
müssen umwerfend gewesen sein.
Jetzt fiel es den Freunden Jesu leicht,
ihm zu glauben, wer er war – und ist:
der Sohn Gottes.

„Ich wünsche uns Osteraugen,
die im Tod bis zum Leben sehen,
in der Schuld bis zur Vergebung,
in der Trennung bis zur Einheit,
in den Wunden bis zur Heilung.
Ich wünsche uns Osteraugen,
die im Menschen bis zu Gott,
in Gott bis zum Menschen,
im ICH bis zum DU
zu sehen vermögen.
Und dazu wünsche ich uns
alle österliche Kraft und Frieden,
Licht, Hoffnung und Glauben,
dass das Leben stärker ist als der Tod.
Bischof Klaus Hemmerle (1929–1994)

Wenn Sie eine Ostergeschichte vorlesen möchten, können Sie auf folgende Bibelstellen zurückgreifen: **Joh 20,11–18, Lk 24,13–53, Joh 21,1–14, Joh 20,19–30.**

→ **Evangelisten** nennt man die vier Verfasser der Evangelien: Matthäus, Markus, Lukas und Johannes.

Frage 107: Kehrte Jesus durch die Auferstehung in den körperlichen Zustand zurück, den er während seines irdischen Lebens hatte?

Im YOUCAT finden Sie zusätzliche Information hier:

Frage 105: Wie kamen die Jünger dazu zu glauben, dass Jesus auferstanden ist?

Für Christen ist Jesus keine tote Person der Antike, sondern jemand, der lebt. Er ist unser Herr. Er ist da. Man kann ihn

ansprechen. **Papst Benedikt XVI.** sagte einmal: „Ob Jesus nur *war* oder ob er auch *ist* – das hängt an der Auferstehung."

40 *Gibt es auch für uns ein Leben nach dem Tod?*

→ **Ja.**

Wir sind traurig,
wenn ein lieber Mensch stirbt.
Manche denken: Er ist einfach weg.
Wir Christen wissen:
Er lebt. Gott hat uns
für ein Leben erschaffen,
das nicht einmal mit dem Tod endet.
Wir werden auch auferstehen.

→ Siehe auch **Frage 58:** Was passiert mit mir, wenn ich mal tot bin?

„Christen sind Menschen, die wissen, dass sie sich nie das letzte Mal sehen.
Herkunft unbekannt

Wenn aber verkündet wird, dass Christus von den Toten auferweckt worden ist, wie können dann einige von euch sagen: Eine Auferstehung der Toten gibt es nicht? Wenn es keine Auferstehung der Toten gibt, ist auch Christus nicht auferweckt worden. Ist aber Christus nicht auferweckt worden, dann ist unsere Verkündigung leer, leer auch euer Glaube.
1 Kor 15,12–14

Auferstehungsglaube
So war es, als Adolf Hitler am 22. Februar 1943 die Widerstandskämpfer Hans und Sophie Scholl und Christoph Probst – junge Christen – hinrichten ließ: Um 17 Uhr sollte das Todesurteil mit dem Fallbeil vollzogen werden. „In wenigen Minuten sehen wir uns in der Ewigkeit wieder“,

meinte **Christoph Probst.** Sophie war die Erste, die ging – ohne mit der Wimper zu zucken. Christoph Probst hatte sich kurz vor der Hinrichtung noch katholisch taufen lassen.

FAKT 6

… aufgefahren in den Himmel; er sitzt zur Rechten Gottes, des allmächtigen Vaters

Jesus Christus kehrte
zu seinem Vater
in den Himmel zurück,
um allen nahe sein
zu können.

41 *Was passierte beim Abschied Jesu?*

**Jesus gab seinen Freunden eine → Mission:
„Mir ist alle Vollmacht gegeben
im Himmel und auf der Erde.
Darum geht und macht alle Völker
zu meinen Jüngern;
tauft sie auf den Namen des Vaters
und des Sohnes und des Heiligen Geistes
und lehrt sie, alles zu befolgen,
was ich euch geboten habe.“** (Mt 28,18–20a)

Die Jünger sollten vor nichts
und niemandem Angst haben.
Deshalb machte er ihnen Mut:
„Ich bin mit euch alle Tage
bis zum Ende der Welt.“ (Mt 28,20b)

→ **„Mission“** = Sendung, Auftrag (von lat. *mittere* = senden) bedeutet: Jesus sendet uns aus, anderen von Gott zu erzählen und sie durch unser Leben für Gott zu begeistern, damit auch sie Freunde von Jesus werden.

Missionarisch sein

Papst Franziskus erinnert uns daran, dass es der Gradmesser dafür ist, ob wir wirklich zu Jesus gefunden haben: „Jede Generation ist berufen, missionarisch zu sein. Das zu bringen, was wir in uns haben, was der Herr uns geschenkt hat. Und zwar von Anfang an! ... Was die Jünger Andreas und Johannes zuerst getan haben, das war, Missionare zu sein. Sie sind zu den Brüdern und Freunden gegangen: ‚Wir haben den Herrn gefunden, wir haben den Messias gefunden!‘“

42 *Was bedeutet „Aufgefahren in den Himmel"?*

Die Freunde Jesu sahen ihn nach seiner Auferstehung noch 40 Tage. Dann kehrte er zu seinem Vater zurück. Die Bibel erzählt es so: Eine Wolke nahm ihn auf und entzog ihn ihren Blicken. Wir Christen sagen dazu: Er ist in den Himmel aufgefahren.

Das heißt nicht, dass Jesus einfach verschwunden wäre oder „eine Weltraumfahrt angetreten hätte ... Es ist kein Weg, wie wir ihn sonst auf der Erde kennen ... Es ist ein Weg von der Zeit in die Ewigkeit, ... vom Sichtbaren ins Unsichtbare. ... Er führt aus dem Dunkel dieser Welt in das unendliche Licht Gottes."
(→ Gerhard Lohfink)

→ **Gerhard Lohfink** (*1934), kath. Theologe

„ Nicht wo der Himmel ist, ist Gott, sondern wo Gott ist, ist der Himmel.
Gerhard Ebeling (1912–2001), ev. Theologe

i Das Fest **Christi Himmelfahrt** wird in vielen Ländern 40 Tage nach dem Ostersonntag, also immer an einem Donnerstag, begangen. Diese 40 Tage gehen zurück auf eine Textstelle, die sich beim Evangelisten Lukas findet, der auch die Apostelgeschichte geschrieben hat: „Ihnen hat er nach seinem Leiden durch viele Beweise gezeigt, dass er lebt; vierzig Tage hindurch ist er ihnen erschienen und hat vom Reich Gottes gesprochen" (Apg 1,3). Christi Himmelfahrt markiert also das Ende der besonderen Erscheinungen Jesu – nicht aber sein Verschwinden für immer.

43 *Warum blieb Jesus nicht für immer auf der Erde?*

Jesus wollte allen Menschen
zu allen Zeiten
und in allen Völkern nahe sein.
Vom Himmel aus
kann Jesus immer, überall
und für alle da sein.

Die Jünger fühlten sich
ohne Jesus total verlassen.
Jesus tröstete sie und sagte:
Ich gehe euch nur ein Stück voraus,
mache euch eine schöne Wohnung
und hole euch dann heim. Deshalb sagen wir,
wenn jemand stirbt: Er geht heim.

Jesus gab ihnen noch ein anderes Versprechen:
Ich werde euch nicht allein lassen. (Vgl. Joh 14,18)
Er hat Wort gehalten. Vom Himmel her
schickte uns Jesus den Heiligen Geist.
Bis Jesus wiederkommt, ist er uns
Helfer, Tröster und Freund.

Im Haus meines Vaters gibt es viele Wohnungen. Wenn es nicht so wäre, hätte ich euch dann gesagt: Ich gehe, um einen Platz für euch vorzubereiten?
Joh 14,2

Himmel
„Der Himmel ist nicht ein Ort über den Sternen, er ist etwas viel Kühneres und Größeres: das Platzhaben des Menschen in Gott. ... Christus, der Mensch, der in Gott ist, ... ist zugleich das immerwährende Offenstehen Gottes für den Menschen. Er selbst ist so das, was wir ‚Himmel' heißen, denn der Himmel ist kein Raum, sondern eine Person. ... Wir gehen in dem Maß auf den Himmel zu, ... in dem wir zugehen auf Jesus Christus. ... Insofern kann ‚Himmelfahrt' ein Vorgang mitten in unserem Alltag werden." (Papst Benedikt XVI.)

Frage 52: Was ist der Himmel?

FAKT 7

… von dort wird er kommen, zu richten die Lebenden und die Toten

Jesus Christus wird
am Ende der Welt wiederkommen.
Er wird der Richter
aller Lebenden
und Verstorbenen sein.

44 *Hört unsere Welt wirklich auf?*

**Ja. Unsere Welt hat
einen Anfang und ein → Ende.
Aber Gott war vor dem Anfang da
und Gott wird auch da sein,
wenn alles Leben auf unserer Erde
zu Ende geht:
„Und siehe, ich bin mit euch alle Tage
bis zum Ende der Welt.“** (Mt 28,20)

Du musst dich vor dem Ende
der Welt nicht fürchten.
Uns erwartet nicht das Nichts.
Gott wartet auf uns,
denn er liebt uns.

→ Das Ende der Welt nennt man auch „Jüngster Tag“.

Die Liebe hört niemals auf.
1 Kor 13,8

Wissenschaftler haben errechnet, die Erde werde in etwa 7,59 Milliarden Jahren untergehen. Dann nämlich wird die Erde verbrennen; sie stürzt ins Feuer der ebenfalls sterbenden Sonne. Allerdings könnte der Mensch die Erde selbst zerstören. Auch wenn sie eines Tages ein Ende haben wird: Gott hat kein Ende, und auch wir sind für die Ewigkeit gemacht.

Hoffnung ist nichts anderes als das Vertrauen darauf, dass die Liebe Gottes kein Ende hat.

Sel. Charles de Foucauld

45 *Wie wird Jesus Christus die Lebenden und die Verstorbenen richten?*

**Vor Gott kann nur das bleiben,
was zu ihm passt:
Alle unsere Sünden,
das Böse, das Gemeine, der Hass,
die Gewalt – all das muss verschwinden.
Bei Gott soll alles ganz gut sein.**

Vor Gericht wird immer
das Gute und das Böse sortiert.
Das Gericht Gottes will uns nicht niedermachen.
Es ist ein letztes, großes Geschenk
Gottes für uns Menschen.
Es bereitet den „neuen Himmel und die neue Erde“ vor,
wo Gott alle Tränen abwischt,
alles Böse vernichtet,
alle Leiden aufhebt
und alle Wunden heilt (vgl. Offb 21,1).

Am Abend deines Lebens wirst du nach der Liebe gerichtet werden.

Hl. Johannes vom Kreuz (1542–1591)

Was ist das Weltgericht?
Der Philosoph **Robert Spaemann** (*1927) erzählt ein Gleichnis: „Stellen Sie sich einen Maler mit unendlicher schöpferischer Kapazität vor. Er fängt an, ein riesiges Gemälde zu entwerfen. Neben ihm sitzt jemand, der das Bild verderben will. Immer wieder spritzt er einen dicken Farbklecks rein, der das Bild verunstaltet. Der Maler bezieht jeden dieser Kleckse in sein Bild ein und macht noch etwas Besseres draus. Am Ende steht ein wunderbares Bild da.“

46 *Wird Gott ein strenger Richter sein?*

Er wird ein gerechter, barmherziger und verzeihender Richter sein.

Wenn Gott richtet,
müssen wir keine Angst vor ihm haben.
Gott ist in jedem Augenblick
Liebe und Barmherzigkeit.
„Er richtet uns“ heißt:
Er will uns richtig haben.
Wer jedoch bis zuletzt nicht richtig werden will,
wer weiter hassen und weiter böse sein will,
findet leider keinen Weg in den Himmel.
Denn im Himmel ist kein Platz für etwas Böses.
Erlöst werden kann jeder,
dem seine Sünden leidtun.
Gott sehnt sich danach,
dass wir ihn um Vergebung bitten.

Gerechtigkeit und Liebe

Die antike Philosophie, und dann auch der hl. **Thomas von Aquin** (1225–1274), der große Philosoph und Theologe des Mittelalters, definierte Gerechtigkeit mit „Jedem das Seine“ – er sagte nicht

„Jedem das *Gleiche*“. Jesus war nicht zu allen gleich „lieb“. Er konnte – wenn nötig – sehr streng sein: „Wer einem von diesen Kleinen, die an mich glauben, Ärgernis gibt, für den wäre es besser, wenn er mit einem Mühlstein um den Hals ins Meer geworfen würde“ (Mk 9,42). Oft wird gesagt, das Evangelium sei eine Frohbotschaft und keine „Drohbotschaft“ – das stimmt. Aber es steht nirgendwo geschrieben, dass alles Böse in der Welt folgenlos bleibt – dass also auch Despoten und Ausbeuter, Völkermörder und Kinderschänder fröhlich in den Himmel kommen. Jesus geht es nicht darum zu drohen, sondern zu warnen. Er respektiert unsere Freiheit und nimmt deren Folgen ernst – im Guten wie im Schlechten. Das zeigt sich in seiner Erzählung vom reichen Prasser.

Sie finden diese Erzählung im Lukasevangelium, Lk 16,19–31.

FAKT **8**

Ich glaube an den Heiligen Geist

Der Heilige Geist
ist mit dem Vater
und dem Sohn
der eine Gott.
Der Heilige Geist
ist die Liebe Gottes
höchstpersönlich.
Sie macht alles lebendig.

47 *Wer ist der Heilige Geist?*

**Der Heilige Geist ist Gott,
wie der Vater Gott ist
und der Sohn Gott ist.
Er ist die Liebe zwischen
dem Vater und dem Sohn.**

Es ist der Heilige Geist,
der seit Urbeginn die Schöpfung erfüllt.
Es ist der Heilige Geist,
der durch die Propheten gesprochen hat.
Es ist der Heilige Geist,
durch den Maria zur Mutter Jesu wurde.
Es ist der Heilige Geist,
der auf Jesus herabkam bei der Taufe am Jordan.
Es ist der Heilige Geist,
der zu Pfingsten die Jünger aus ihrer Angst befreite.
Es ist der Heilige Geist,
der das Göttliche in die Kirche bringt.
Es ist der Heilige Geist,
der mich zu einer Wohnung Gottes macht.

Wenn Sie Ihrem Kind in einer Geschichte erklären wollen, was ein Prophet ist und wie er vom Heiligen Geist berufen und geführt wird, können Sie Ihrem Kind die Geschichte vom Propheten Jona vorlesen. Sie finden sie im ersten Teil der Bibel, im Alten Testament.

Eine beispielhafte Geschichte für das Wirken des Heiligen Geistes im Neuen Testament ist die Begegnung von Philippus mit dem äthiopischen Hofbeamten: Der Geist bewegt Philippus, dem ausländischen Beamten die Bibel zu erklären. Der Beamte wird vom Geist dazu bewegt, die Wahrheit der Schrift zu erkennen. Es kommt zu einer Blitzbekehrung. Lesen Sie Ihrem Kind die Geschichte von der Taufe des Äthiopiers vor, sie steht in Apg 8,26–40.

48 *Wie sieht der Heilige Geist aus?*

**Das wissen wir nicht.
Niemand hat den Heiligen Geist gesehen.
Aber man kann ihn spüren.
Die Bibel beschreibt ihn
in vielen starken Bildern:
Er ist gewaltig wie Feuer,
sanft wie eine Taube,
mitreißend wie ein Sturm,
zart wie ein feines Säuseln.**

Die Früchte des Heiligen Geistes

- Liebe
- Freude
- Friede
- Geduld
- Freundlichkeit
- Güte
- Treue
- Sanftmut
- Selbstbeherrschung

(vgl. **Gal 5,22–23**)

Frage 311: Was sind die Früchte des Heiligen Geistes?

Da zog der HERR vorüber: Ein starker, heftiger Sturm, der die Berge zerriss und die Felsen zerbrach, ging dem HERRN voraus. Doch der HERR war nicht im Sturm. Nach dem Sturm kam ein Erdbeben. Doch der HERR war nicht im Erdbeben. Nach dem Beben kam ein Feuer. Doch der HERR war nicht im Feuer. Nach dem Feuer kam ein sanftes, leises Säuseln.
1 Kön 19,11–12

49 *Woran merkt man, dass der Heilige Geist da ist?*

Man spürt das Wirken des Heiligen Geistes an der Freude, dem Mut und der Kraft, die er schenkt. Der Heilige Geist gibt uns gute Ideen ein und drängt uns, sie auszuführen.

Es war an Pfingsten, als die Jünger den Heiligen Geist zum ersten Mal erlebten. Sie hatten sich aus Angst verkrochen. Plötzlich kam der Heilige Geist wie ein Feuer auf sie herab. Die Angst war weg! Eine starke Freude erfüllte sie. „Alle ... begannen, in anderen Sprachen zu reden, wie es der Geist ihnen eingab." „Denn jeder hörte sie in seiner Sprache reden." (Apg 2,4.6) Für die Leute in Jerusalem war das umwerfend: Mehr als 3000 kamen zum Glauben.

Bis heute bringt der Geist Gottes
heilige Unruhe in die Welt.
Er hört nicht auf, Wunder zu wirken
und seine → Gaben über die Welt auszustreuen.

Mal ist er wie Feuer, das uns für das Gute brennen lässt.
Mal spüren wir ihn in unserem Gewissen:
„Tu doch was! Hilf! Misch dich ein!"

Mal ist er wie ein stiller Gast,
der in unserer → Seele wohnt,
uns von innen heraus verändert
und zu neuen Menschen macht.

Die Firmung ist das Sakrament des Heiligen Geistes. Siehe auch die **Fragen 70** und **71!**

→ **Seele:** siehe Seite 98.

→ **Die sieben Gaben des Heiligen Geistes: Weisheit, Einsicht, Rat, Stärke, Erkenntnis, Frömmigkeit und Gottesfurcht** (vgl. Jes 11,1–2). Der heilige Paulus schreibt über die Geistesgaben: „Jedem aber wird die Offenbarung des Geistes geschenkt, damit sie anderen nützt. Dem einen wird vom Geist die Gabe geschenkt, Weisheit mitzuteilen, dem anderen durch denselben Geist die Gabe, Erkenntnis zu vermitteln, einem anderen in demselben Geist Glaubenskraft, einem anderen – immer in dem einen Geist – die Gabe, Krankheiten zu heilen, einem anderen Kräfte, Machttaten zu wirken, einem anderen prophetisches Reden, einem anderen die Fähigkeit, die Geister zu unterscheiden, wieder einem anderen verschiedene Arten von Zungenrede, einem anderen schließlich die Gabe, sie zu übersetzen. Das alles bewirkt ein und derselbe Geist; einem jeden teilt er seine besondere Gabe zu, wie er will." (1 Kor 12,7–11)

FAKT 9 … die heilige katholische Kirche, Gemeinschaft der Heiligen …

Die Kirche ist die
Gemeinschaft von allen,
die zu Christus gehören.
Die Kirche ist heilig,
weil der heilige Gott in ihr wirkt.
Die Kirche ist katholisch,
das heißt allumfassend,
zu allen gesandt.
Und sie ist apostolisch,
weil sie auf dem Fundament
der Apostel gegründet ist.

50 *Was bedeutet das Wort „Kirche“?*

**Das Wort „Kirche“ kommt vom griechischen Wort *Kyriaké*.
Es bedeutet „zum Herrn (= *Kyrios*) gehörend“.**

Jesus ist unser Herr. Wir sind seine Mannschaft –
ein internationales Team, aus allen Ländern,
mit allen Hautfarben, in allen Sprachen der Welt.
Das nennt man katholisch (= allumfassend).
Es ist egal, woher wir kommen:
Der Herr hat uns gerufen, seine Kirche zu sein
und uns um die Welt zu kümmern –
als Klassensprecherin, Politiker,
Lehrer, Polizistin, in der Krankenpflege …
Aber auch in der Gemeinde oder im Gottesdienst
kann man seine Talente einbringen:
etwa als → Katechet oder Ministrantin.
Alle sollen mit ganzer Kraft
für eine bessere Welt arbeiten.
Damit das Team funktioniert, gibt es
innerhalb der Mannschaft Sonderaufgaben
wie Papst, Bischof, Priester, Diakon …

Alle Getauften …
gehören zu Jesus Christus. Daher sind auch die Mitglieder aller anderen Konfessionen unsere Brüder und Schwestern. Sie werden zu Recht Christen genannt. Mehr zur Ökumene → **Frage 53**

→ **Katechet:** Lehrer des Glaubens.

„Du kannst Dinge tun, die ich nicht tun kann. Ich kann Dinge tun, die du nicht tun kannst. Zusammen können wir große Dinge tun.“
Hl. Mutter Teresa

„Ich mag Fußball einfach. … Weißt du, warum? Weil ich sehe, wie sie als Team eine Einheit bilden. … Wenn ein Spieler nur für sich spielt, dann verliert er und seine Mannschaftskameraden mögen ihn nicht.“
Papst Franziskus

51 *Wie ist diese Gemeinschaft der Kirche entstanden?*

**Jesus hat Jünger (= Freunde) um sich gesammelt.
Aus diesen Freunden hat er
zwölf als Apostel ausgesucht.
Petrus machte er zum Chef:
„Du bist Petrus und auf diesen Felsen
werde ich meine Kirche bauen.“** (Mt 16,18)
**Für immer ist die Kirche auf dem Fundament
dieser Apostel aufgebaut. Deswegen
nennen wir die Kirche „apostolisch“.
Die Bischöfe sind die Nachfolger der Apostel.**

Das Wort „Apostel“
kommt aus dem Griechischen
und heißt „Gesandter“.
Im Markusevangelium steht:
„Und er (Jesus) setzte zwölf ein,
damit sie mit ihm seien
und damit er sie aussende,
zu verkünden.“ (Mk 3,14)
Auf gewisse Weise sind alle Christen
Botschafter Jesu, also Apostel.

Die Kirche wächst noch immer
Mit zwei Jüngern hat Jesus begonnen. Heute gibt es mehr als zwei Milliarden Christen auf der Welt. Die Christen sind die größte Religion der Erde. Jeder dritte Mensch ist Christ. In den letzten 100 Jahren haben sich die Christen verdreifacht.

Dass ich als Kind Messdiener und auch Sternsinger in meiner Gemeinde war, ergab sich wie von selbst. Ich bin, wie es meine ganze Familie ist, ein gläubiger Katholik.
Miroslav Klose (*1978), dt. Fußballspieler

52 *Was heißt in die Kirche gehen?*

**Für viele ist die Kirche nur ein Haus,
in das Menschen rein- und rausgehen.
In die Kirche gehen bedeutet aber,
dorthin zu gehen, wo Jesus selbst uns erwartet.
Aus der Kirche rausgehen heißt:
mit Jesus zu den Menschen gehen.**

Denk nicht zuerst an Steine und Gebäude,
wenn du an die Kirche denkst!
Denk an die Menschen,
die zu Jesus gehören.

Wer glaubt, ein Christ zu sein, nur weil er die Kirche besucht, irrt sich. Man wird ja auch kein Auto, wenn man in eine Garage geht.

Albert Schweitzer (1875–1965), dt.-frz. Arzt, Philosoph und ev. Theologe

Kircheneintritt/Kirchenaustritt

Kinder hören oft, dass jemand in die Kirche ein- oder aus der Kirche ausgetreten ist. Der eigentliche Kircheneintritt ist das Sakrament der Taufe. Aus der Taufe kann man auch nicht „austreten“, sie ist Gottes Bund mit einem Menschen, der nie mehr endet. In Deutschland erhebt der Staat eine „Kirchensteuer“ und sorgt damit für den Erhalt der Kirche. In Österreich erhebt die Kirche einen „Kirchenbeitrag“ von ihren Mitgliedern. Mit der Taufe tritt man dann auch in die Kirche als Gemeinschaft von Kirchensteuer- bzw. Kirchenbeitragszahlern ein. Aus dieser Zahlgemeinschaft kann man in beiden Ländern durch eine öffentliche Erklärung auch wieder „austreten“. Viele sagen dann: Ich bin aus der Kirche ausgetreten.

Was es alles in der Kirche gibt

Wenn du irgendwo auf der Welt eine katholische Kirche betrittst, findest du bestimmte Dinge, die man dort braucht. Vielleicht kannst du sie entdecken!

Jede Kirche sieht immer etwas anders aus, und auch die Gegenstände können ein bisschen anders aussehen.

Wenn du weißt, was die Dinge bedeuten und wofür sie gut sind, kennst du dich prima aus.

Du könntest zum Beispiel Ministrantin oder Ministrant werden. Wenn du es nicht schon bist.

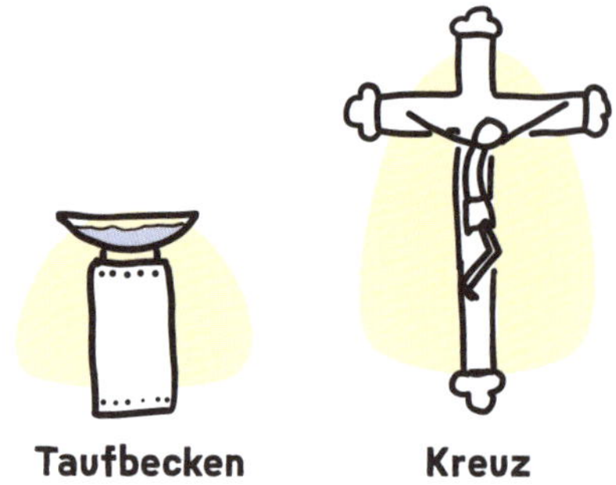

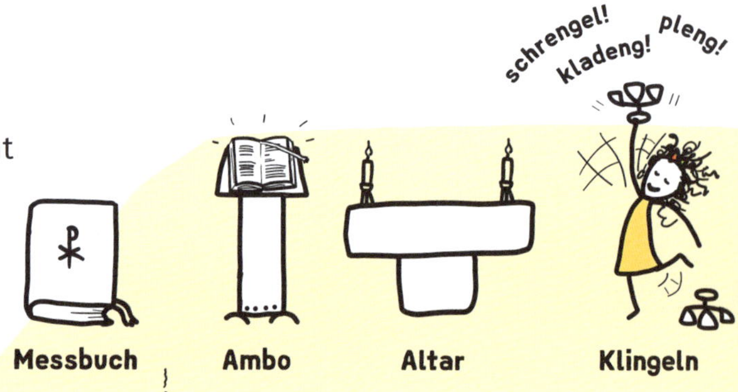

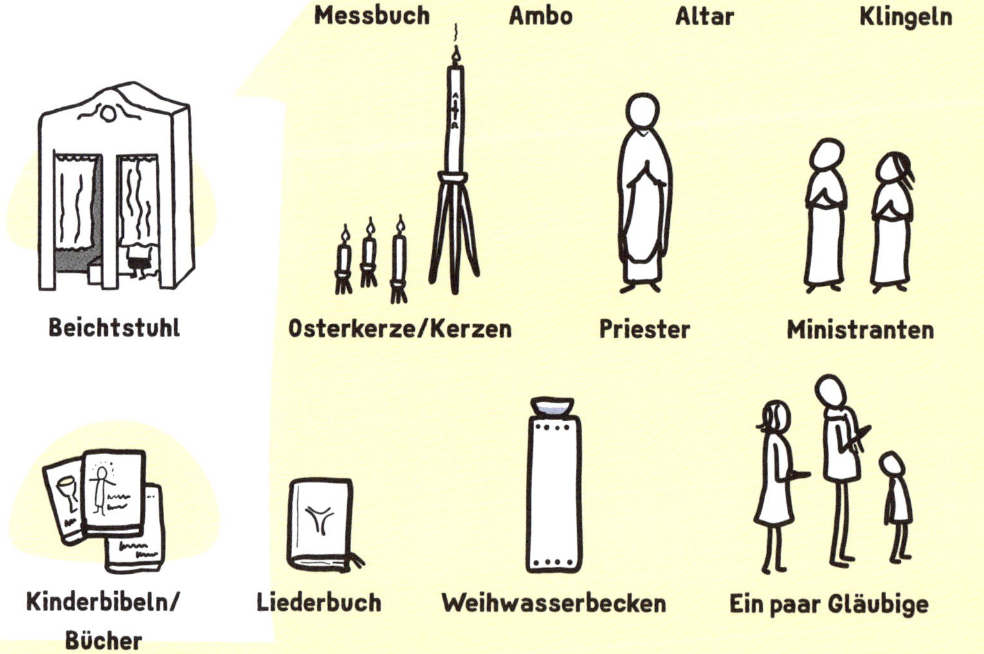

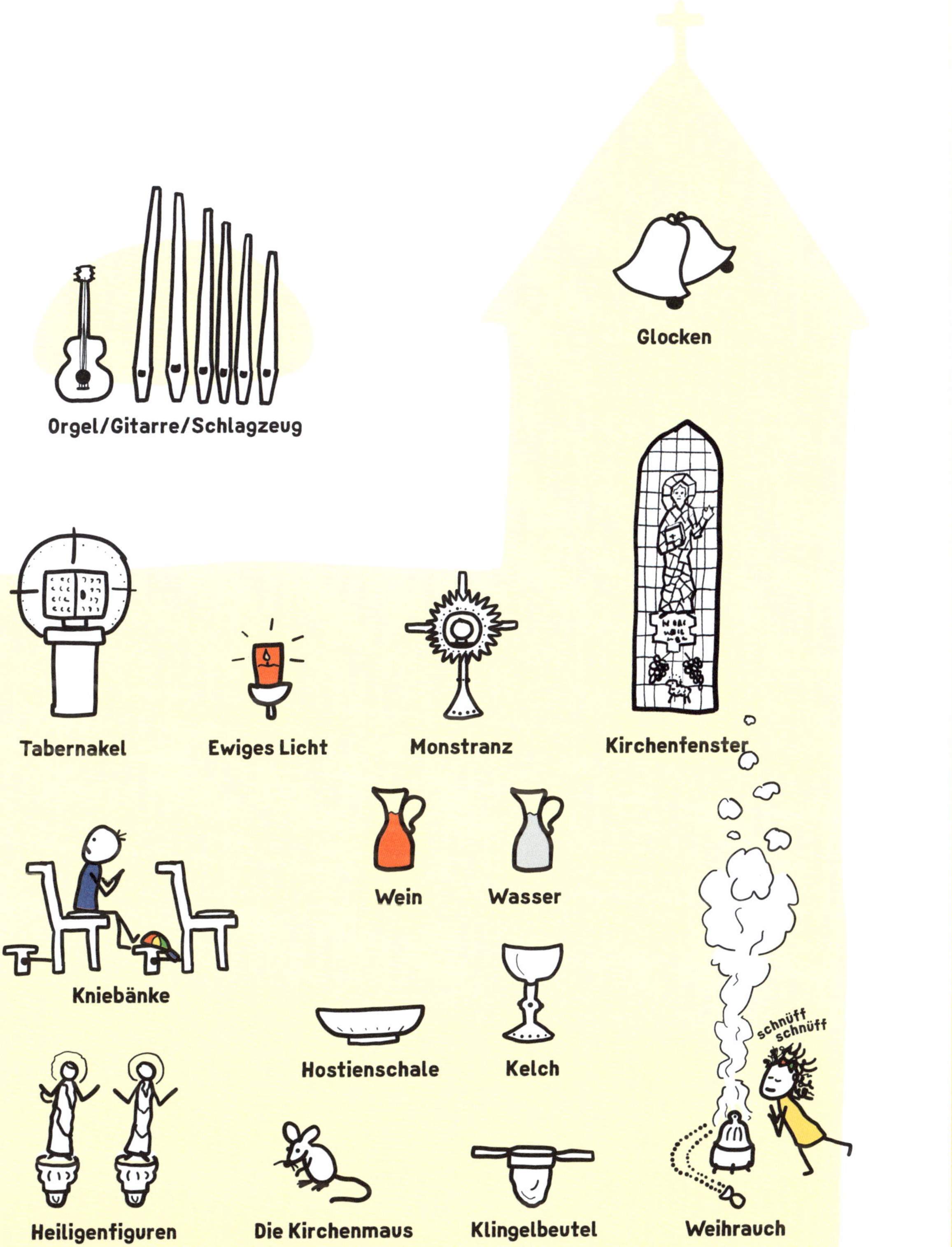
Orgel/Gitarre/Schlagzeug
Glocken
Tabernakel
Ewiges Licht
Monstranz
Kirchenfenster
Kniebänke
Wein
Wasser
Hostienschale
Kelch
schnüff schnüff
Heiligenfiguren
Die Kirchenmaus
Klingelbeutel
Weihrauch

53 *Wer gehört zur Kirche?*

Zur Kirche gehören alle Getauften.

Getauft sein heißt,
so zu Jesus Christus zu gehören,
wie Körper und Kopf
zusammengehören.
Christus ist der Kopf,
alle Getauften sind gemeinsam
der Körper, der Leib Christi.
Du bist vielleicht sein Ohr,
seine Hand, sein Fuß, sein Mund.
Wer sich taufen lässt,
drückt damit aus:
„Ja, Herr, ich komme gerne
und möchte für immer
ein lebendiger Teil
deines Leibes sein!“

Ökumene
nennt man das Streben nach Einheit in der getrennten Christenheit. Jesus wollte, dass „alle eins“ (Joh 17,21) sind. „Ein Herr, ein Glaube, eine Taufe“, forderte Paulus in Eph 4,5. Wir heute können nichts für die Kirchenspaltung. Dennoch dürfen wir den Zustand der Trennung nicht hinnehmen. Christen, die Jesus folgen, wissen, dass sie – durch die Taufe verbunden – Brüder und Schwestern sind. Gerade wenn Eltern aus verschiedenen Konfessionen kommen, gibt es die Chance, die Schätze der jeweils anderen Konfession zu entdecken. Es liegt ein großer Segen darauf, im Gebet zum gemeinsamen Herrn und im sozialen Dienst erste Schritte auf die Einheit hin zu machen.

Was ist die Kirche?
Die Heilige Schrift kennt außer dem Bild vom „Leib Christi“ noch andere schöne Bilder von dem, was die Kirche ist. So sind die Getauften das aus vielen Völkern gebildete „neue Volk Gottes“, in dessen Mitte Gott selbst lebt und mit dem er durch dick und dünn geht. Dieses Bild kann einer von Flucht und Migration, Rassismus und →

54 *Warum ist die Kirche „heilig"?*

**Ganz und gar heilig ist nur Gott.
Die Kirche ist heilig,
weil der heilige Gott in ihr wirkt.
Heilig ist alles,
was von Gott kommt.
Auf der Erde ist alles heilig,
was von Gott durchstrahlt ist.**

Es gibt heilige Orte,
zum Beispiel eine Kirche,
ein Kloster oder ein Wallfahrtsort.

Es gibt heilige Feiern,
zum Beispiel die Taufe, die heilige Kommunion
oder wenn ein Paar in der Kirche heiratet.

Es gibt heilige Menschen,
die so viel Liebe in die Welt bringen,
dass andere sagen:
Das kommt von Gott.

Die Kirche ist nur wegen Gott heilig,
nicht weil alle Leute in der Kirche
automatisch Heilige sind.
Unser Glaube hilft uns aber,
immer mehr heilig zu werden.

→ Nationalismus gezeichneten Welt viel sagen. Ein anderes Bild für die Kirche ist „Braut Christi". Christus geht für seine Braut – damit sind wir gemeint – durchs Feuer. Auch dieses Bild hat uns viel zu sagen: Christus dürfte gelegentlich unglücklich in seine Braut verliebt sein …

Heilige sind …

- wie Fenster, durch die das Licht Gottes in unsere Welt strahlt
- wie die Sonne: Sie leuchten weit über ihr Leben hinaus
- wie Brücken zum Himmel
- wie Bäume, die tief im Geheimnis Gottes wurzeln
- wie Reflektoren am Fahrrad: Sie strahlen das Licht Gottes in die dunkle Welt hinein
- wie lebendige Hinweisschilder auf Gott
- wie Briefe aus der Ferne, die uns helfen, die Gegenwart zu verändern

FAKT

10 Vergebung der Sünden

Gott kann und will
uns Menschen
die Sünden vergeben.

55 *Woran erkennt man eine Sünde?*

Eine Sünde ist etwas Böses, das man tut, obwohl man weiß, dass man es nicht tun darf. Eine Sünde ist es aber auch, etwas Gutes nicht zu tun, obwohl man weiß, dass man es tun sollte.

56 *Was macht die Sünde mit uns?*

Jede Sünde entfernt uns von Gott, voneinander und von uns selbst. Manche Sünden trennen uns sogar richtig von ihm.

Eine Sünde, die von Gott trennt, wird in der Beichte vergeben. Wir können zu Gott zurückkommen. Aber die Beichte hilft uns auch, von Sünden wegzukommen.

» Ich bin ein Sünder. … Ich bin ein Sünder, den der Herr angeschaut hat. … Ich bin einer, der vom Herrn angeschaut wird.

So antwortete **Papst Franziskus** auf die Frage eines Journalisten, der wissen wollte: „Wer ist Jorge Mario Bergoglio?" (= bürgerlicher Name von Papst Franziskus)

Sünde, nicht so wichtig?
Alle Menschen haben in sich eine dunkle Seite, auch Kinder: „Wenn wir sagen, dass wir keine Sünde haben, führen wir uns selbst in die Irre und die Wahrheit ist nicht in uns" (1 Joh 1,8). Gott setzt bei der Sünde an, weil er Licht und Liebe ist und auch die dunkelsten Ecken in reines Licht verwandeln will. Jesus ist unser Retter und Erlöser; er schenkt die Vergebung der Sünden. Wir bekommen neues Leben. **Johannes Paul I.**

(1912–1978, der „Papst des Lächelns") schlug einen ernsten Ton an, als er sagte: „Verscheucht Gott aus den Herzen der Menschen, sagt den Kindern, die Sünde sei nur ein Märchen, das ihre Großeltern sich ausgedacht hätten, um sie lammfromm zu machen, gebt Schulbücher heraus, in denen Gott nicht vorkommt und die Autorität verhöhnt wird, und dann wundert euch über das, was dabei herauskommt."

57 *Wie geht Gott mit der Sünde um?*

**Gott hasst die Sünde,
aber er liebt den Sünder.**

Die Sünde hasst er,
weil sie dir schadet,
und du damit anderen schadest.
Du sündigst – und doch
liebt dich Gott so sehr,
dass ihn nichts davon abhalten kann,
dich weiter zu lieben
und dir die Vergebung
aller deiner Sünden anzubieten.
Aber du musst mitmachen.

Beichte: Alles zu den Themen Sünde und Beichte finden Sie in den **Fragen 81–87.** Ebenso:

Fragen 150–151, 224–239

Am Abend vor dem Schlafengehen
Denken Sie mit Ihrem Kind über den Tag nach: Was war gut? Was war schlecht? Was ist mir passiert? War ich gemein? Habe ich jemand links liegengelassen? ... Ich sage Gott, dass es mir leidtut. Er vergibt mir und macht, dass ich glücklich und in Frieden einschlafen kann ...

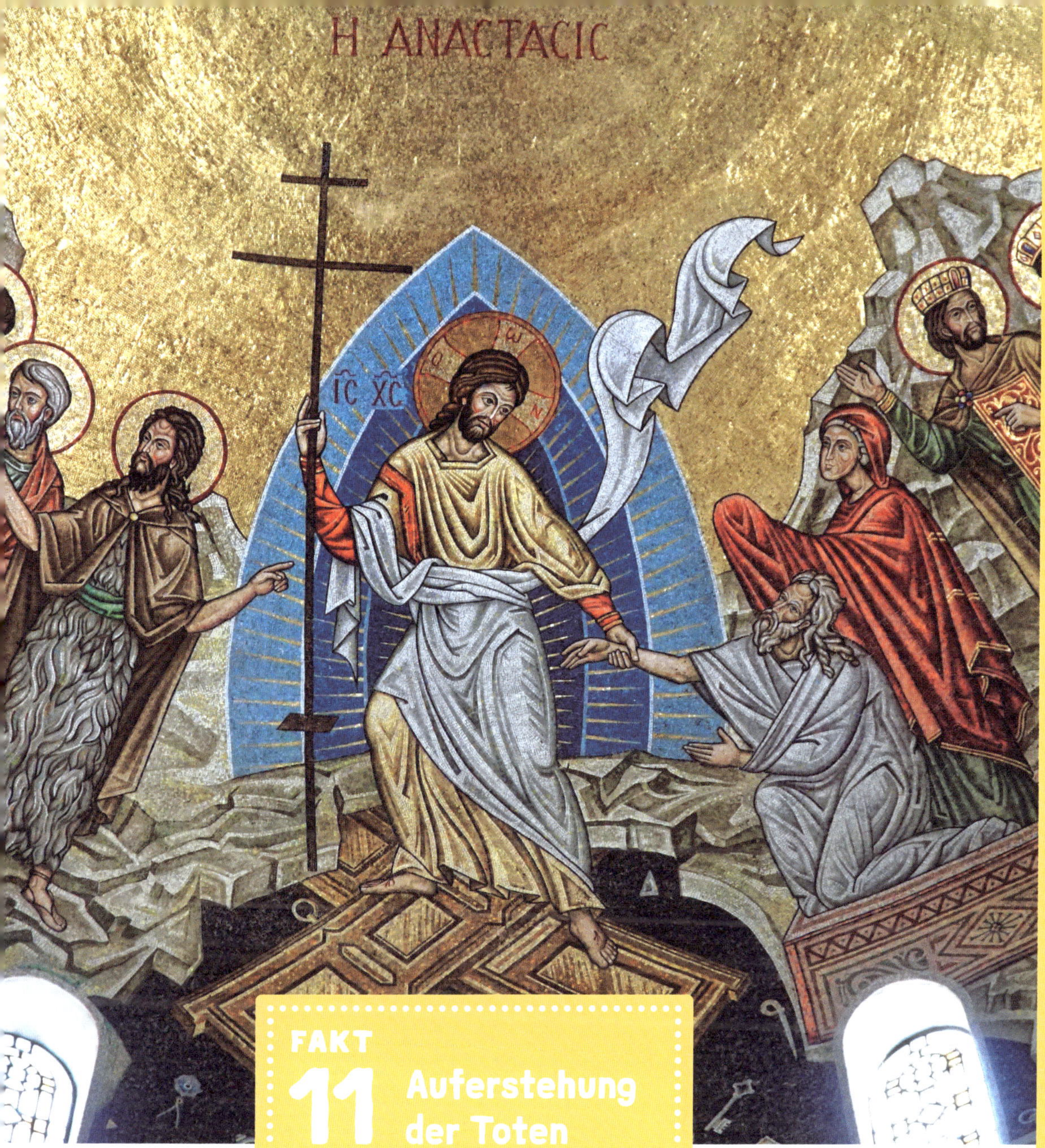

FAKT 11 Auferstehung der Toten

Der Tod ist
nicht das Ende.
Gott wird alle Toten auferwecken.
Er schenkt ihnen
einen neuen Leib.

58 *Was passiert mit mir, wenn ich mal tot bin?*

Wenn ich tot bin, zerfällt mein Körper,
aber meine → Seele geht Gott entgegen.
Ich darf auf den Himmel hoffen
und auf ein neues Leben,
das nicht mehr aufhört.

Nach dem Tod wartet
Gott selbst auf uns:
Mit Tausenden von Engeln
und mit Überraschungen,
die wir uns nicht vorstellen können.
Gott ist himmlisch.
Gott ist Freude ohne Ende.
Gott ist das Beste am Leben.

→ **Seele?**
Die Seele ist mein Innerstes, mit dem ich Gott begegne. Siehe auch:

Frage 62: Was ist die Seele?

Im Gottesdienst für die Verstorbenen (Requiem) gibt es dieses schöne und sehr alte Lied:

Zum Paradies mögen Engel dich geleiten,
die heiligen Märtyrer dich begrüßen
und dich führen in die heilige Stadt Jerusalem.
Die Chöre der Engel mögen dich empfangen,
und durch Christus, der für dich gestorben,
soll ewiges Leben dich erfreuen.

59 *Werden wir im Himmel keinen Körper haben? Und gibt es da nur alte Leute?*

**Die Freude, die wir bei Gott haben,
wird uns alle jung machen.
Am Jüngsten Tag, dem Ende der Welt,
wird Gott uns unsere Körper
verwandelt zurückschenken.
Wir werden in einer Weise bei Gott sein,
in der unsere Körper nicht mehr
von Schmerz und Tod bedroht sind.**

Nachdem Jesus vom Tod auferstanden war,
zeigte er sich den Jüngern.
Jesus war kein Geist. Er hatte einen Leib.
Er aß sogar mit den Aposteln; sie konnten ihn berühren.
Auch wir werden einen unsterblichen Leib haben.
Wir werden so vollkommen und heil sein,
wie wir immer sein wollten.
Ja, wir werden sein, wie Gott uns
von Ewigkeit her gedacht hat.

i Wenn Sie die „letzten Fragen" besonders interessieren:

Y **Frage 154:** Was geschieht mit uns, wenn wir sterben?

Y **Frage 157:** Werden wir nach dem Tod vor ein Gericht gestellt?

Y **Frage 163:** Was ist das Letzte oder Jüngste Gericht?

Y **Frage 164:** Wie wird die Welt vollendet werden?

FAKT 12 … und das ewige Leben

Gott möchte mich
ganz bei sich haben.
Im Himmel ist Platz für mich.
Bei Gott ist Freude
ohne Ende.

60 *Wie ist es im Himmel?*

Im Himmel
ist es so schön
wie nirgendwo
auf der ganzen Erde.

Leute, die sehr glücklich sind,
sagen oft schon hier auf der Erde:
Ich fühle mich wie im siebten Himmel.
Es gibt aber auch Menschen, die erleben
diesen Vorgeschmack auf den Himmel nie.
Sie können nicht an einen Himmel glauben,
weil sie es auf der Erde schwer haben.

Es gibt ihn aber, den Himmel,
von dem Gott verspricht:
Ich werde alle Tränen
von ihren Augen abwischen.
„Der Tod wird nicht mehr sein,
keine Trauer, keine Klage, keine Mühsal.“ (Offb 21,4)

Vertröstung auf den Himmel?
Dass der Himmel auf uns wartet, ist kein billiger Trost; im Gegenteil: Es ist die stärkste Kraftquelle der Christen. Wir wissen: Nichts, was wir jetzt tun, ist umsonst, keine hilfreiche Tat, keine Geste der Zärtlichkeit, kein Wort der Liebe. Wir können Dinge anfangen, die wir nie zu Ende bringen. Wir müssen nicht das Letzte aus jeder Gelegenheit herauspressen. So arbeiten wir gelassen an einer besseren Welt, obwohl wir wissen, dass sie erst im Himmel Wirklichkeit wird. Übrigens: Schon, weil das Leben für viele sehr schwer ist, und um der Opfer von Gewalt und Unrecht willen, sollten wir auf den Himmel hoffen. Wäre es nicht in höchstem Grad ungerecht, wenn jede Untat ungesühnt, jedes Opfer für immer nur Opfer bleibt? Nur der Himmel kann den Opfern von Gewalt und Hass Gerechtigkeit widerfahren lassen und Wiedergutmachung schenken.

Ein guter Schauspieler oder Produzent zu sein – das hilft mir nicht, in den Himmel zu kommen. Das Wichtigste für mich ist es, ein guter Vater, ein guter Ehemann und ein guter Mitmensch zu sein – ein Mann, der seinem Nächsten hilft und der seine Kinder erzieht, ebenfalls gute Menschen zu sein.

Mark Wahlberg (*1971), US-Filmschauspieler

61 *Sind wir im Himmel wunschlos glücklich?*

Ja.

Wir sind Menschen und sehnen uns zum Beispiel danach,
immer satt werden zu können
und eine liebevolle Familie zu haben.
Manche möchten ein Wiedersehen mit Oma.
Oder sie möchten ganz gesund sein.
Andere träumen von einem Pferd,
von genialen Fußballtoren, vielen lieben Freunden,
schönen Kleidern, einer tollen Figur ...

Wenn du einmal stirbst, musst du
keine einzige Sehnsucht von dir begraben.
Gott wird sie alle auf *seine* Weise erfüllen:
größer und schöner,
als du es dir vorstellen kannst.
Gott selbst wird für dich
und mich und uns alle
das größte Glück der Welt sein.

Informationsvorsprung

Alfred Delp (1907–1945), katholischer Priester, Jesuit und Widerstandskämpfer gegen Hitler, fragte auf dem Weg zur Hinrichtung: „Was gibt's denn Neues von der Front?" Sein Begleiter schaute erstaunt. Delp: „Na ja, in einer halben Stunde weiß ich mehr als Sie!"

Dein Platz im Himmel
wird aussehen,
als sei er für dich gemacht,
und zwar für dich allein,
weil du für ihn gemacht worden bist.
C.S. Lewis

62 *Wer kommt in den Himmel?*

Alle, die zu Gott ganz Ja sagen,
kommen in den Himmel;
die, die Gott kennen und zu seiner Liebe
für immer Nein sagen, nicht.

Kein Mensch kann allerdings sagen:
Der oder die kommt in die Hölle.
Gottes Barmherzigkeit ist grenzenlos.
Er möchte, dass alle in den Himmel kommen.
Von einem ist die Kirche darüber hinaus überzeugt:
Wenn Menschen sterben und zu Gott wollen,
gibt es oft noch eine Schwierigkeit:
Es quält sie noch etwas,
für das sie sich wirklich schämen.
Dann gibt ihnen Gott
eine Chance, davon befreit zu werden.
Wir sagen dazu:
Sie sind im → Fegefeuer.
Wir sollen ihnen helfen,
indem wir für sie beten.

→ **Fegefeuer?**
Das Bildwort kommt vom „brennenden Schmerz“, der uns zum Beispiel überfällt, wenn wir uns erinnern, wie wir einmal einen lieben Menschen im Stich gelassen haben. Auch uns könnte es so ergehen in der großen Begegnung mit Christus – allerdings: „In dem Schmerz dieser Begegnung, in der uns das Unreine und Kranke unseres Daseins offenbar wird, ist Rettung. Sein Blick, die Berührung seines Herzens heilt uns in einer gewiss schmerzlichen Verwandlung ‚wie durch Feuer hindurch.‘ “ (Papst Benedikt XVI.)

Denn die Schrift sagt: Jeder, der an ihn glaubt, wird nicht zugrunde gehen. Denn darin gibt es keinen Unterschied zwischen Juden und Griechen. Denn alle haben denselben Herrn; aus seinem Reichtum beschenkt er alle, die ihn anrufen. Denn jeder, der den Namen des Herrn anruft, wird gerettet werden.
Röm 10,11–13

63 *Was ist die kürzeste Zusammenfassung des Glaubens?*

Die kürzeste Zusammenfassung des Glaubens ist das Kreuzzeichen: Im Namen des Vaters und des Sohnes und des Heiligen Geistes.

1

Das Kreuzzeichen beginnt mit der rechten Hand **oben auf der Stirn,** beim Vater im Himmel. Er hat die Welt erschaffen.

2

Die Hand geht **nach unten, zur Erde** hin, weil Jesus Christus, der Sohn Gottes, Mensch geworden ist. Er teilt die Freude und das Elend dieser Erde mit uns Menschen.

3

Die Hand geht zunächst **nach links, zu meinem Herzen,** in dem Gottes Heiliger Geist wohnt, ...

4

... dann nach **rechts,** zum Zeichen, dass Gottes befreiende Liebe die ganze Welt umfasst und nichts und niemanden vergisst.

Wenn Erwachsene getauft werden möchten, durchlaufen sie ein sogenanntes „Katechumenat". In einer eigenen Feier werden sie mit dem Kreuz bezeichnet:

> Empfange das Kreuz auf deine Stirn.
> Christus selbst beschützt dich mit diesem Zeichen seiner Liebe.
> Empfange das Zeichen des Kreuzes auf die Ohren, damit du das Wort des Herrn bereitwillig hörst.
> Empfange das Zeichen des Kreuzes auf die Augen, damit du die Herrlichkeit Gottes erkennst.
> Empfange das Zeichen des Kreuzes auf die Brust, damit Christus in deinem Herzen wohnt.
> Empfange das Zeichen des Kreuzes auf die Schulter, damit du die Herrschaft Christi gerne trägst.

Zeichen setzen!
Der Jamaikaner **Usain Bolt** (*1986) ist wahrscheinlich der beste Sprinter, den es jemals gab. Dass er ein Christ ist, versteckte er zu keinem Zeitpunkt: „Ich danke Gott für alles, was er für mich getan hat."

Bevor ihr mit eurer Arbeit beginnt, meine Brüder, dürft ihr nicht versäumen, das Kreuzzeichen zu machen und es nicht den Leuten gleichtun, die keine Religion haben und sich nicht trauen, weil sie in Gesellschaft sind. Dadurch werdet ihr das Glück haben, den Segen des Himmels auf euch und alles was ihr tut, herabzuziehen.

Hl. Jean-Marie Vianney (1786–1859), Pfarrer von Ars

Teil II

DAS NEUE LEBEN FEIERN

DIE SAKRAMENTE

7 Treffpunkte mit Gott

Wie Jesus uns
zu Freunden Gottes macht.
Wie er sieben große Treffpunkte anbietet,
wo er auf uns wartet.
Wie wir die sieben Sakramente richtig feiern.
Was da genau passiert.

Fragen 64–109

64 *Was sind die Sakramente?*

Die → Sakramente sind sieben Treffpunkte, an denen Gott selbst da ist, auf dich wartet, dich beschenkt und tiefer in die Gemeinschaft der Kirche führt.

Einige Sakramente sind einmalig und prägen dein ganzes Leben, andere Begegnungen finden immer wieder statt.

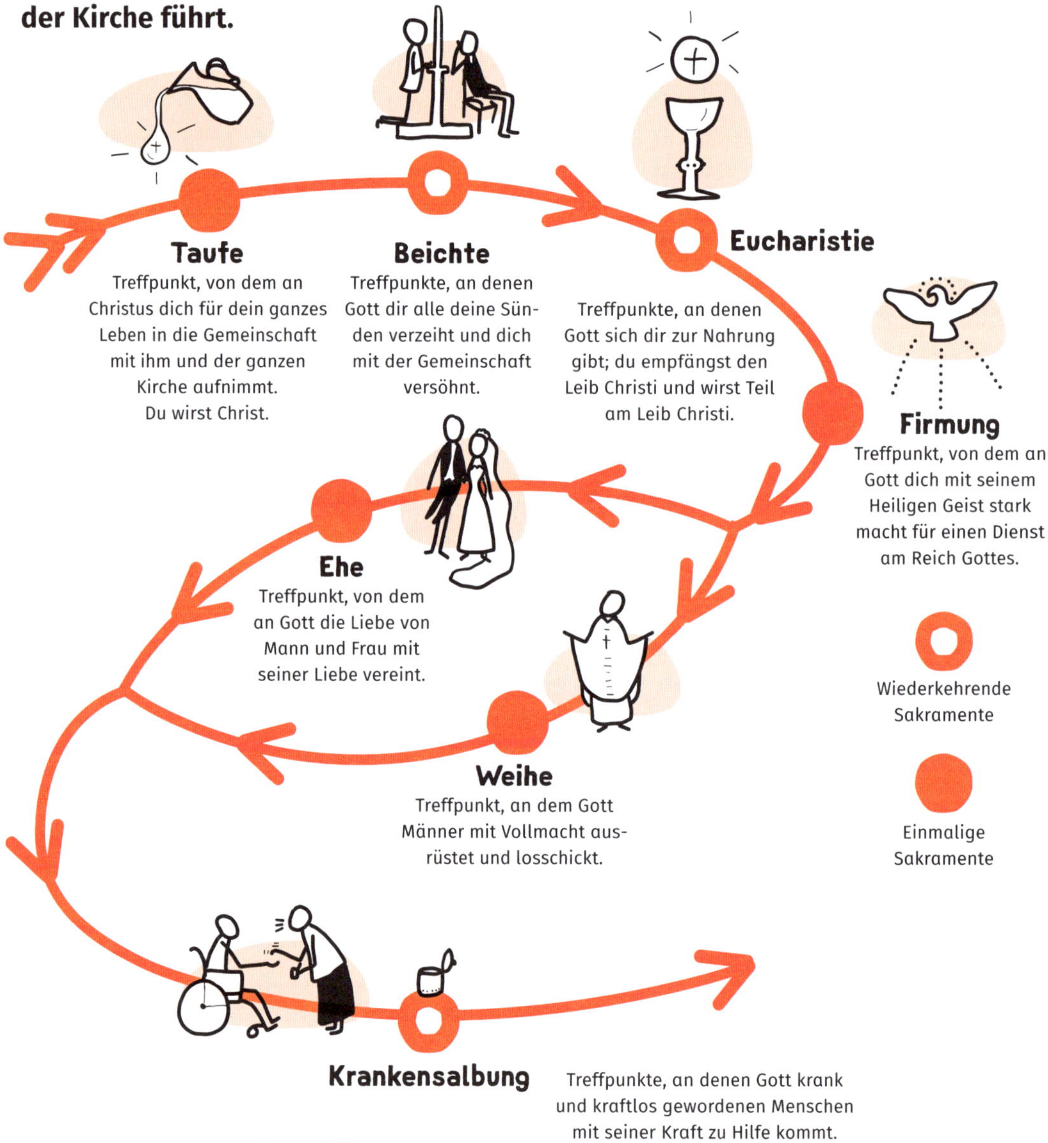

→ Was sind Sakramente?
Sakramente sind von Christus eingesetzte heilige Zeichen. Durch sie handelt Gott an uns. Sie bewirken das, was die Worte sagen und was in den Zeichen zum Ausdruck kommt.

Mehr dazu:
Frage 173: Wozu brauchen wir überhaupt Sakramente?

TREFFPUNKT 1 Die Taufe

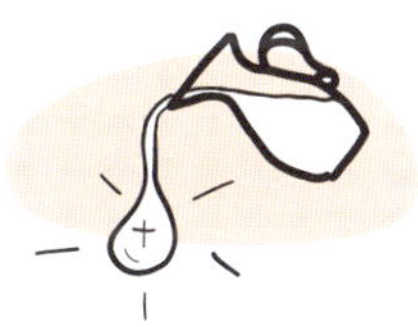

Die Taufe ist der Treffpunkt,
von dem an Christus dich
für dein ganzes Leben
in die Gemeinschaft mit ihm
und der ganzen Kirche aufnimmt.
Du wirst Christ.

65 *Wie wird die Taufe gespendet?*

Bei der Taufe wird der Täufling dreimal in Wasser eingetaucht oder dreimal mit Wasser übergossen. Dabei werden die Taufworte gesprochen, die Jesus uns aufgetragen hat:

Weitere äußere Zeichen an diesem Treffpunkt sind: Die Salbung mit Chrisam, einem Öl; das Anlegen des weißen Taufkleides und das Anzünden der Taufkerze.

Eltern, Geschwister, Taufpaten und die Gäste singen und beten für den Täufling. Alle freuen sich.

→ N. steht für den Namen des Täuflings.

„Die Taufe ist unsere Geburt als Kinder der Mutter Kirche. Ich möchte euch eine Frage stellen: Wer von euch weiß, an welchem Tag er getauft wurde? Wenige! Sehr wenige ... Ja, dann macht mal schnell eure Hausaufgaben!"
Papst Franziskus

Klaus hat im Fernsehen schon etliche Male eine Schiffstaufe gesehen. Als in der Familie der Tante die Taufe des neu angekommenen Babys ansteht, fragt der Junge die Mutter: „Aber das kann man doch nicht machen mit einem Baby, der Kopf ist doch so zart!"

66 *Was macht die Taufe mit mir?*

Wasser schenkt Leben.
Aus dem Taufwasser
tauchst du neugeboren auf – als Christ!
Du bist mit Christus auferstanden.
Jetzt gehörst du zu ihm.

Wasser reinigt.
Im Zeichen des Wassers
wäscht Gott die Macht des Bösen weg;
du bist von der → Erbschuld befreit.

Von nun an stehst du unter dem Schutz
des Vaters, des Sohnes und des Heiligen Geistes.
Du bist in die Gemeinschaft
der Kirche aufgenommen.

Das Chrisamöl zeigt, wie wichtig du für Gott bist;
mit Chrisam wurden nämlich nur
Priester, Könige und Propheten gesalbt.
Gesalbt werden bedeutet auch mit der Liebe Gottes,
dem Heiligen Geist, eingerieben werden
wie ein Baby gegen das Wundwerden
oder wie ein Ringer, der sich unangreifbar macht.

Das weiße Kleid sagt: Gott hüllt dich ein in seine Liebe,
er macht dich staunenswert und schön.
„Denn ihr alle, die ihr auf Christus getauft seid,
habt Christus angezogen.“ (Gal 3,7)

Die Taufkerze hilft dir zu verstehen,
dass du nun „Licht der Welt“ bist. (Mt 5,14)

→ Zum Thema Erbschuld: Siehe auch **Frage 22.**

„Kann ein Mensch sich selbst taufen? Niemand kann sich selbst taufen! Niemand. Wir können darum bitten, es wünschen, aber wir brauchen immer jemanden, der uns dieses Sakrament im Namen des Herrn spendet. Denn die Taufe ist ein Geschenk, das gewährt wird in einem Umfeld der liebevollen Fürsorge und des brüderlichen Teilens. In der Geschichte tauft immer einer den anderen, den anderen, den anderen. … Es ist eine Kette.

Papst Franziskus

67 *Wer darf die Taufe spenden?*

Normalerweise tauft
ein → Priester oder ein Diakon.
Bei Lebensgefahr darf jeder taufen.

In seiner einfachsten Form geht es so:
Man gießt Wasser über den Kopf
des Täuflings und spricht
die Taufworte.

68 *Warum tauft man schon Babys, die sich dazu gar nicht selbst entscheiden können?*

Die Taufe ist ein Geschenk Gottes.
Gläubige Eltern nehmen das an,
weil sie das Beste für ihr Kind wollen.

Deswegen haben sie
stellvertretend für dich
Ja zu Gott und Ja zur Taufe gesagt.
Heute kannst du selbst
dein Ja zu Gott sprechen.

Du kannst dir sicher sein:
Bevor du dich für Gott entscheidest,
hat sich Gott schon
für dich entschieden.
Sonst gäbe es dich gar nicht.

→ Siehe **Frage 95.**

i **Eine wahre Geschichte vom Wert der Taufe:** In Mali bereitete vor kurzem ein Priester 40 Taufbewerber auf die Taufe vor. In den letzten Wochen vor Ostern lebten sie in der Nähe der Kirche, um sich gemeinsam auf die Taufe vorzubereiten. Das blieb nicht verborgen. Nachts bekam der Seelsorger Drohanrufe: Wenn diese Menschen getauft würden, könne man für nichts garantieren. Der Priester teilte dies den Leuten mit und sagte: „Ich bin euch nicht böse, wenn ihr geht, denn ich weiß, ihr habt Familien!" Keiner von den 40 ging. Einer sagte den Satz: „Wir möchten getauft werden – mit Wasser oder mit Blut." Sie wurden getauft – mit Wasser. Glücklicherweise ist ihnen bis heute nichts passiert.

i Kinder fragen: **Warum ist das Kind in meiner Klasse nicht getauft?** Es kann viele Gründe haben, warum Eltern ihrem Kind noch nicht das Geschenk der Taufe machten. Vielleicht haben sie Gott bisher nicht gefunden oder sie denken, es wäre besser, wenn das Kind selbst entscheidet, ob es getauft werden möchte. Von Gottes Liebe wissen wir aber, dass sie keinen Menschen vergisst, auch wenn er noch nicht getauft ist.

69 *Was ist ein Taufpate?*

Der Taufpate ist ein gläubiger, gefirmter Katholik, der seinem Patenkind hilft, ein überzeugender Christ zu werden.

Übrigens gibt es auch „Paten im Himmel". Man nennt sie Namenspatrone. Namenspatrone sind Heilige, nach denen man ein Kind benannt hat. Namenspatrone sind wie spezielle Freunde im Himmel.

Du kannst deinen Namenspatron im Gebet um Hilfe bitten und wenn sein Festtag ist, kannst du auch ein kleines Fest feiern: deinen Namenstag!

Quiz!

Wer kennt diesen Heiligen?
Es ist ein sehr bekannter Heiliger. Oft wird er mit einem anderen bekannten Mann verwechselt, der im Dezember auftaucht. Na? → Kommt ihr drauf?

Weitergabe des Glaubens
Der Glaube geht von Generation zu Generation und von Herz zu Herz. „Wir können", sagt Papst Franziskus, „nicht das Evangelium Jesu verkünden ohne das konkrete Zeugnis unseres Lebens". Eltern und Paten geben ihren Kindern das, was sie von ihren Eltern und Paten empfangen haben. So war es schon in der Urkirche, wo Johannes in einem Brief schrieb: „Was wir gehört haben, was wir mit unseren Augen gesehen, was wir geschaut und was unsere Hände angefasst haben, das verkünden wir: das Wort des Lebens" (1 Joh 1,1).

→ Auflösung des Quiz auf Seite 235!

Die Weitergabe des Glaubens muss nicht immer mit Worten geschehen. Der große frz. Schriftsteller und Christ

Paul Claudel (1868–1955) hat einmal gesagt: „Rede nur, wenn du gefragt wirst, aber lebe so, dass man dich fragt."

TREFFPUNKT 2 Die Firmung

Die Firmung
ist der Treffpunkt,
von dem an Gott dich
mit seinem Heiligen Geist
für den Dienst am Reich Gottes
stark macht. Er braucht dich
dort, wo du lebst.

70 *Wie wird die Firmung gefeiert?*

Der Bischof breitet die Hände über die Firmlinge aus. Er ruft den → Heiligen Geist auf sie herab. Dann salbt er jeden Einzelnen mit Chrisamöl, indem er ihm damit ein Kreuz auf die Stirn zeichnet und betend die Hand auflegt. Dabei spricht er jeden mit seinem Namen an und sagt:

Der Firmpate steht hinter seinem Firmling und legt ihm die Hand auf die Schulter.

„Besiegelt …"?
Früher brachte man ein „Siegel" aus rotem Lack auf wichtigen Briefen und Dokumenten auf. Heute kennen wir das Wort „Siegel" als Qualitätskennzeichen, wie z. B. beim „Bio-Siegel". Was draufsteht, ist (hoffentlich) auch drin.

Mehr muss man nicht von einem, der sich firmen lässt, wissen: Was auf einem Christen draufsteht, muss auch drin sein – in seiner Seele und in seinem Handeln.

→ Siehe auch **Frage 47:** Wer ist der Heilige Geist?, **Frage 48:** Wie sieht der Heilige Geist aus? und **Frage 49:** Woran merkt man, dass der Heilige Geist da ist?

71 *Was macht die Firmung mit dir?*

**Du triffst den Heiligen Geist.
Er erfüllt dein Herz.
Er will die Kraft deines Lebens
und dein innerer Wegweiser sein.
Der Heilige Geist will in dir fortsetzen,
was er bei der Taufe begonnen hat.**

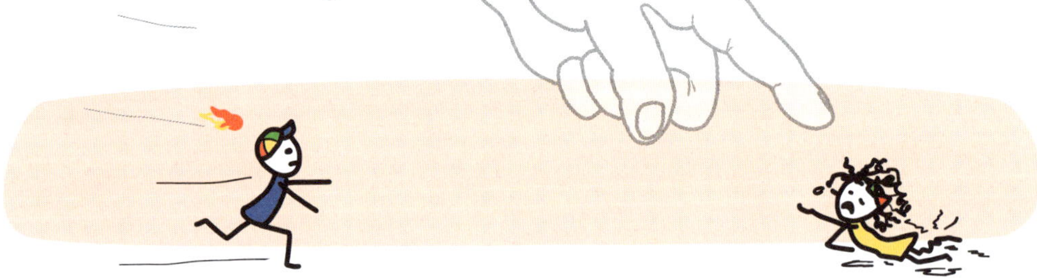

Das Wort Firmung kommt von „firmare“.
Das ist Lateinisch und heißt stärken.
Der Heilige Geist stärkt dich im Glauben.
Er hilft dir, Gott zu erkennen,
und das Richtige zu tun.
Er schenkt dir die Fähigkeit,
deinem Glauben treu zu bleiben
und anderen davon zu erzählen.
Dafür brauchst du seine Hilfe.
Wenn du auf ihn hörst,
ist der Heilige Geist wie ein
inneres Navigationssystem,
das dir den Weg durch dein Leben zeigt.

„Der Heilige Geist, der ist zunächst unglaublich sanft und lieb. Er zwingt überhaupt nicht, er drängt sich nicht auf. Er ist eher wie jemand, der um dich wirbt, der dich einlädt. Er lädt zum Beispiel ein, Jesus besser kennen zu lernen. Er lädt dich ein, zu beten, das heißt, das Gespräch mit Jesus zu lernen. Er lädt dich auch ein, zu den Menschen um dich herum einfach gut zu sein.

Bischof Stefan Oster (*1965) in einer Firmpredigt

„In dir muss brennen, was du in anderen entzünden willst.
Hl. Augustinus

72 *Wer spendet die Firmung?*

Die Firmung wird vom Bischof, als dem Nachfolger der Apostel gespendet.

Der Bischof kann aber auch einen Priester mit der Firmung beauftragen.

73 *Was ist ein Firmpate?*

Der Firmpate ist ein gläubiger, gefirmter Katholik, der dem Firmling hilft, ein → überzeugter und überzeugender Christ zu sein.

Das hat auch der Taufpate versprochen, so könnte er auch der Firmpate sein. Du darfst dir aber auch einen neuen Paten suchen.

→ **Was kennzeichnet einen überzeugten Christen?**
1. Er ke1nnt den Glauben,
2. er bekennt den Glauben vor anderen Menschen und
3. er praktiziert den Glauben.

Glaubenszeugnis: Es geht beim Generationenvertrag nicht darum, ob die Jugendlichen von heute einmal in der Lage sein werden, die Alten von morgen zu ernähren, sondern darum, ob die Erwachsenen die Jugendlichen mit Glaubensinhalten ausreichend ernährt haben.

Manfred Kock (*1936), ev. Theologe und Bischof

„Lebe das, was du vom Evangelium verstanden hast. Und wenn es noch so wenig ist. Aber lebe es.

Frère Roger Schutz (1915–2005), Gründer und Prior von Taizé

TREFFPUNKT 3

Die Eucharistie

Die Eucharistie
ist der Treffpunkt,
an dem Gott sich
dir zur Nahrung gibt;
du empfängst den Leib Christi
und wirst Teil an seinem Leib,
der Kirche.

74 *Was ist die Eucharistie?*

Die heilige Eucharistie
ist das Sakrament, in dem
Jesus Christus sich uns schenkt.
In der Eucharistie
empfangen wir seinen Leib.
Indem wir ihn essen,
werden wir zum Leib Christi,
das heißt: zur Kirche.
Ohne Eucharistie
gibt es keine Kirche.

Weil Jesus in allen ist,
die IHN aufnehmen,
gehören sie zusammen:
wie ein Liebespaar.
Wie Geschwister oder beste Freunde.
Wie eine große Familie.
Was mit Christus in der Taufe begonnen
hat, wird hier neu gefeiert:
Wir gehören für immer zusammen.
Und das nennen wir KIRCHE.

Dem Gottesdienst soll nichts vorgezogen werden.
Benediktsregel

Sonntag und Eucharistie
Die Kirche beginnt nicht damit, dass sich ein paar Christen zusammentun und etwas unternehmen. Die Kirche beginnt von Jesus her – und mit jeder Eucharistiefeier, besonders der sonntäglichen. Wir essen den Leib Christi – und wir werden Leib Christi. Das ist die Urformel der Kirche.

„Die Teilnahme am Leib und Blut Christi will nichts anderes, als dass wir uns in das verwandeln, was wir empfangen" (Papst Leo I., um 400–461). Darum ist die Eucharistie „Quelle und Höhepunkt des ganzen christlichen Lebens" (Zweites Vatikanisches Konzil) und durch nichts anderes zu ersetzen.

75 *Was geschieht in der heiligen Messe?*

**Die heilige Messe ist ein Wunder:
Wir dürfen beim Tod und bei
der Auferstehung Jesu dabei sein.
Mit Jesus Christus, unserem auferstandenen Herrn,
feiern wir das große Fest der → Danksagung.**

Am Tag vor dem → Pessachfest
starb Jesus. Er starb für uns alle.
Am Abend davor hatte Jesus noch
mit seinen Jüngern Mahl gehalten
und die große Danksagung gefeiert.
Er hatte ihnen → Brot und Wein gereicht
und dabei die ungeheuerlichen Worte gesprochen:

→ Das griechische Wort für **Danksagung** ist „Eucharistie". Eucharistie ist der andere Name für heilige Messe.

→ Das **Pessachfest** (früher sprach man vom Paschafest – sprich Pas-cha) ist das große jüdische Fest, das an den Auszug des Volkes Israel aus Ägypten erinnert. Lesen Sie im Buch Exodus das Kapitel 12.

→ Das in der heiligen Messe verwendete Brot nennt man auch **Hostie**. Hostie kommt vom Lateinischen *hostia* = Opfer, Opfergabe.

Heilige Messe
Als der heilige Bonaventura (1221–1274) einmal erklären sollte, was die heilige Messe ist, fand er eine geniale Kurzformel, die zugleich ein Gebet ist: „Ich gab mich dir, gib du dich mir!" Ein Prediger machte daraus: „Die Eucharistie ist mit der Ehe vergleichbar. Man sagt: Du gibst dich mir. Ich geb mich dir. Mehr muss man weder von der Ehe noch von der heiligen Messe wissen."

In jeder Messe wiederholt der Priester
genau diese Worte über Brot und Wein.
Durch den Heiligen Geist werden aus Brot und Wein
Jesu Leib und Jesu Blut.

In jeder heiligen Messe
werden Jesu Tod und seine Auferstehung
für uns gegenwärtig: Wir treffen
den gekreuzigten und auferstandenen Herrn
und vereinigen uns mit ihm,
indem wir zur Kommunion gehen (= → kommunizieren).

Es ist nicht wie im Fernsehen,
wo wir die tausendste Wiederholung
eines alten Filmes ansehen.
Durch die heilige Messe
sind wir beim Tod
und der Auferstehung Jesu
live dabei.

→ **Kommunizieren** kommt vom Lateinischen *communio* (= Vereinigung, Gemeinschaft). Deshalb nennen wir den Empfang von Leib und Blut Christi Kommunion. Wir werden eins mit Jesus Christus und sind mit unseren Schwestern und Brüdern verbunden.

„Es gibt Tage, wo für dich der Gottesdienst schwer wird. Biete IHM dann deinen Leib an, da ja schon deine Anwesenheit ein Zeichen ist für dein im Augenblick nicht zu verwirklichendes Verlangen, deinen Herrn zu loben. Glaube an die Gegenwart Christi in dir, auch wenn du keine spürbare Resonanz davon feststellst.

Frère Roger Schutz

76 Wie wird die heilige Messe gefeiert?

Gott gibt ein Fest für uns. Er ist schon da, wenn wir kommen. Du siehst es an dem roten Licht neben dem Tabernakel. Begrüße ihn mit einer Kniebeuge. Mach dir am Eingang der Kirche mit Weihwasser ein Kreuzzeichen auf die Stirn. Und denk dabei an deine Taufe. Sie war die Tür, durch die du überhaupt zu Jesus und in die Kirche gekommen bist.

Erster Teil der heiligen Messe: Der Wortgottesdienst

Es klingelt: die Musik geht los – und der Priester und die Messdiener kommen. Sie tragen ganz besondere Kleidung, weil sie jetzt göttliche Dinge tun. Gemeinsam begrüßen wir Gott mit einem Lied.

Zu Beginn jeder heiligen Messe gibt es das **Schuldbekenntnis**. Vielleicht liegt dir noch etwas im Magen. Wenn es dir wirklich leidtut, sagt Gott: Vergeben und vergessen! Wir rufen: **Herr, erbarme dich** (oder *Kyrie eleison*, was auf Griechisch dasselbe bedeutet). So ähnlich riefen die Leute früher dem Kaiser zu, wenn er sich näherte.

Jetzt können wir etwas für die anderen tun: Bete die **Fürbitten** von ganzem Herzen mit. Du kannst im Stillen auch deine eigenen Bitten Gott sagen und für deine Freunde beten. Gott hört dich.

Das **Credo**, das Glaubensbekenntnis, das nach der Predigt kommt, ist was für mutige und treue Leute. Wir sagen: Das ist wahr. Das glauben wir und dazu stehen wir. Das Credo verbindet uns mit allen Christen auf der Welt.

Jetzt kommt Freude auf, jetzt kommt das **Gloria**! Schon die Engel haben es in Betlehem gesungen. Als Jesus geboren worden war, brach bei ihnen unbeschreiblicher Jubel aus: Ehre sei Gott in der Höhe und Friede den Menschen auf Erden! An jedem Sonntag ist eben ein bisschen Weihnachten. Sing, so laut du kannst!

Jetzt dürfen wir uns setzen. Spitz die Ohren! Uns wird etwas vorgelesen. Keine Angst, die **Lesungen** aus der Bibel sind keine Schlafmittel! „Gottes Wort ist kraftvoll und lebendig und schärfer als ein zweischneidiges Schwert" (Hebr 4,12). Gott will uns etwas sagen, uns vielleicht trösten, uns liebevoll an den Ohren ziehen, uns Mut machen.

Nun wird das **Evangelium** verkündigt: Jesus selbst spricht zu uns, Halleluja! Deshalb stehen alle auf. Hör genau zu! Stell dir vor, du sitzt wie Zachäus drei Meter von Jesus entfernt auf einem Baum – und er ruft: Komm herunter zu mir!

Nach dem Evangelium hält der Priester oder Diakon eine **Predigt**. Er soll uns die Worte Gottes erklären. Wenn du trotzdem nur Bahnhof verstehst, geh nach dem Gottesdienst zu ihm hin und bitte ihn, es dir noch einmal zu erklären. Du hast ein Recht darauf, es genau zu wissen!

Zweiter Teil der heiligen Messe: Die Eucharistiefeier

Wenn der Priester zum Altar geht, beginnt der zweite Teil der heiligen Messe. Es ist der **Geschenke-Teil:** Gott schenkt sich uns. Wir schenken uns Gott.

Wir bringen die **Gaben** von Brot und Wein zum Altar. Mit diesen Gaben bringen wir auch uns selbst, unseren guten Willen, unsere Träume, unsere Sorgen ... „Herr, nimm das alles und mach das Beste daraus!“
Nun stehen wir auf. Denn die heilige Messe nähert sich ihrem Höhepunkt.

Die Minuten, nachdem Jesus zu dir gekommen ist, gehören dir und Gott allein.
Am Ende der heiligen Messe gibt es noch den Segen und den **Entlassungsruf**: „Geht hin in Frieden!“ Nach der heiligen Messe haben wir allen Grund, fröhlicher auszusehen als vorher.

Jetzt kommt die **Kommunion**! Wie soll ich kleiner Mensch den großen Gott empfangen? Wir machen es wie der Hauptmann von Kafarnaum und sagen: „Herr, ich bin nicht würdig, dass du eingehst unter mein Dach; aber sprich nur ein Wort, so wird meine Seele gesund!“ (vgl. Lk 7,6).

Es beginnt das **Hochgebet,** bei dem wir im Sanctus „Heilig, heilig, heilig ...“ singen. Vor 2.700 Jahren schaute der Prophet Jesaja in den Himmel: Er sah Gott und seine Engel. Er hörte sie dieses Lied singen – unbeschreiblich schön! Mit den Engeln und allen Heiligen singen wir nun: „Heilig, heilig, heilig ...“ Und wenn Oma schon im Himmel ist, singt sie natürlich auch mit ...

Himmel und Erde sind dabei, wenn die **Wandlung** geschieht. Aus Brot und Wein werden Leib und Blut Christi. Der gekreuzigte und auferstandene Herr ist da. Während dies geschieht, knien wir nieder, voll Ehrfurcht in heiligem, demütigem Staunen vor diesem Wunder.

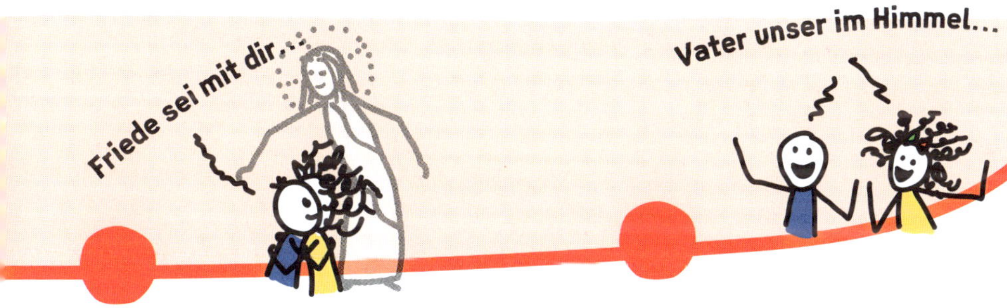

Jesus schenkt uns seinen Frieden, den wir im **Friedensgruß** einander weitergeben.
Beim **Agnus Dei** (Lateinisch: Lamm Gottes), danken wir Jesus, der sich wie ein unschuldiges Lamm am Kreuz hinrichten ließ, um uns Vergebung und Frieden zu schenken.

Beim **Vaterunser** sind wieder alle gemeinsam dran: Wir stehen – können uns sogar an den Händen fassen, glücklich darüber, dass Dicke, Dünne, Lange, Kurze, Alte, Junge, Schnelle und Langsame, zu Gott „Lieber Vater“ sagen dürfen. Alle sind wir Kinder des einen Vaters.

77 *Wie kommt Jesus in Brot und Wein?*

**Durch die Kraft seiner Worte
und das Wirken seines Heiligen Geistes.
Beim Letzten Abendmahl nahm Jesus Brot
und sagte: „Das ist mein Leib!“
Jesus nahm Wein und sagte: „Das ist mein Blut!“**

**Jesus hält, was er verspricht.
Deshalb nimmt der Priester
wie beim Letzen Abendmahl Brot und Wein
und spricht die Worte von Jesus.
Dann geschieht die Wandlung:
Das Brot ist nicht mehr Brot,
sondern der Leib Christi.
Der Wein ist nicht mehr Wein,
sondern das Blut Christi.**

Was wir essen, sieht wie Brot aus,
aber es ist Jesus, der zu uns kommt.
Was wir trinken, sieht wie Wein aus,
aber es ist Jesus, der zu uns kommt.
Zu uns kommt der lebendige Gott,
der uns Menschen verwandelt.

Die Wandlung geht weiter.
Seit 2.000 Jahren geschieht sie
in jeder heiligen Messe.

Ich bin das lebendige Brot, das vom Himmel herabgekommen ist. Wer von diesem Brot isst, wird in Ewigkeit leben. Das Brot, das ich geben werde, ist mein Fleisch für das Leben der Welt.
Joh 6,51

Realpräsenz
Dass Christus wirklich in Brot und Wein leibhaftig anwesend ist, war schon für Jesu unmittelbare Umgebung unfassbar und provokant. Wenn Jesus sich im Johannesevangelium als „Brot des Lebens“ (Kap. 6) bezeichnet, das man essen müsse, um das ewige Leben zu haben, sind einige Jünger regelrecht geschockt: „Diese Rede ist hart. Wer kann sie hören?“ (Joh 6,60). Die Kirche nimmt seit über 2000 Jahren hinweg die Heilige Schrift ernst und Jesus beim Wort: „Das ist mein Leib ... das ist mein Blut.“ Die Theologie spricht von Realpräsenz, also von der „wirklichen Gegenwart“ Jesu in Brot und Wein.

Wer die heilige Eucharistie empfängt, verliert sich in Gott wie ein Wassertropfen im Ozean. Man kann sie nicht mehr voneinander trennen. Wenn nach der Kommunion uns jemand mit der Frage überraschte: „Was tragt ihr mit euch nach Hause?“, so könnten wir antworten: „Wir tragen den Himmel mit uns fort.“

Hl. Jean-Marie Vianney
(Pfarrer von Ars)

78 *Was ist die Kommunion?*

„Kommunion“ ist ein lateinisches Wort
und heißt „Gemeinschaft“.
Wenn wir den Leib des Herrn empfangen,
entsteht zwischen IHM und uns
eine heilige Gemeinschaft.

Der große Gott macht sich ganz klein –
und dich ganz groß!
In deinen Mund
und in dein Herz kommt der,
den das Universum nicht fassen kann.
Das nennt man „Kommunion“.
Die Gemeinschaft mit Jesus bewirkt,
dass alle, die ihn empfangen,
auch untereinander
eine Gemeinschaft werden.

Wer mein Fleisch isst und mein Blut trinkt, der bleibt in mir und ich bleibe in ihm. Wie mich der lebendige Vater gesandt hat und wie ich durch den Vater lebe, so wird jeder, der mich isst, durch mich leben.
Joh 6,56 f.

Auf den Empfang der heiligen Kommunion soll man sich innerlich vorbereiten, z. B. durch ein Gebet:
Ja, Herr,
komm zu mir!
Komm in mein Herz!
Komm und mach mich stark –
stark, liebevoll, mutig und treu.
Herr, ich bin bereit,
dich zu empfangen.

Freunde hinterlassen ein Zeichen, vielleicht einen Ring, aber Christus hinterlässt uns seinen Leib und sein Blut, seine Seele und seine Gottheit, sich selbst, ohne etwas zurückzubehalten.

Hl. Bernardin von Siena
(1380–1404)

79 *Was mache ich, wenn der Herr der Welt in der heiligen Messe zu mir kommt?*

**Empfange den Herrn,
indem du dich
innerlich und äußerlich
darauf vorbereitest:
Zeig ihm,
dass du dich auf ihn freust,
durch festliche Kleidung,
wenn nötig, durch die Beichte,
durch ehrfürchtiges Verhalten
und ein betendes Herz.**

Was in der Kirche gar nicht geht:

„Der Tag meiner Erstkommunion war einer der schönsten Tage meines Lebens. ... Nicht nur wegen der schönen Kleider oder der Geschenke oder auch des Festessens! Das ist so vor allem, weil wir an jenem Tag zum ersten Mal Jesus Christus empfangen ... Ich muss ihn liebevoll aufnehmen und ihm aufmerksam zuhören. Tief in meinem Herzen kann ich ihm zum Beispiel sagen: „Jesus, ich weiß, dass du mich liebst ... Ich vertraue dir meine Freuden, meine Leiden und meine Zukunft an."

Papst Benedikt XVI.

Die Kniebeuge

Vor Gott in die Knie zu gehen, wenn man eine Kirche betritt, ist ein ganzheitliches Zeichen der Ehrfurcht. Ein schönes Gebet – nicht nur für Kinder – in diesem Moment lautet: „Jesus, ich grüße dich. Du aber segne mich!"

So kommt Jesus in dein Herz

Stell dir vor, Jesus verabredet sich mit dir.
Ausgerechnet mit dir!

Vor der Kommunion
Sag ihm, wie du dich freust, dass ER zu DIR kommt:
ER, dem Wind und Wellen, Tiere und Menschen,
Krankheiten und sogar der Tod gehorchen!
ER, der große Gott, macht sich ganz klein.
ER wählt ein Stück Brot, um auf deiner Zunge zu zergehen
und in deinem Herzen zu bleiben.

Nach der Kommunion
Bleibe bei ihm und danke ihm.
Geh zu deinem Platz zurück und knie dich hin.
Schließe die Augen. Schau ihn an. Er schaut dich an.
Danke ihm für sein Kommen in dein Herz.
Erzähl ihm, was dir wichtig ist, das Schöne,
das Unverständliche, das Traurige.
Bring ihm im Gebet die Menschen,
besonders die Kranken und alle, die in Not sind.
Bitte ihn, dir zu helfen, deine guten Vorsätze zu verwirklichen.
Zum Schluss danke ihm für all das Gute in deinem Leben.

80 *Warum gehen Christen am Sonntag in die Messe?*

**Der Sonntag ist der Tag der Auferstehung Jesu.
Deshalb kommen seit der Zeit der Apostel
die Christen am Sonntag zusammen.
Sie feiern die heilige Messe,
um Jesus zu treffen: in seinen Worten
und in der heiligen Kommunion.**

Wenn du jeden Sonntag
zur heiligen Messe gehst,
wird dir Jesus helfen, zu einem
echten Christen heranzuwachsen.
Du spürst es nicht gleich.
Aber mit dem Wachsen ist es immer so.
Du merkst es nicht, aber plötzlich
sind dir die Schuhe zu klein …
Du meinst, es tut sich nichts,
wenn du betest und in die Messe gehst,
aber langsam fängst du an,
ein richtig starker Christ zu sein.

„Mit dem Respekt und der Liebe eines Kindes könnte man sagen: „Liebe Mama, lieber Papa, es wäre für uns alle, auch für dich so wichtig, Jesus zu begegnen. Es würde uns bereichern, es wäre ein wichtiges Element in unserem Leben. Nehmen wir uns Zeit dazu, wir werden doch eine Möglichkeit finden."

Papst Benedikt XVI.

Lasst uns nicht unseren Zusammenkünften fernbleiben, wie es einigen zur Gewohnheit geworden ist, sondern ermuntert einander, und das umso mehr, als ihr seht, dass der Tag naht!
Hebr 10,25

TREFFPUNKT 4 Das Bußsakrament

Das Bußsakrament,
die Beichte,
ist der Treffpunkt,
an dem Gott dir
alle deine Sünden verzeiht
und dich mit der
Gemeinschaft versöhnt.

81 *Was ist eine Sünde?*

**Eine Sünde ist alles,
was mich von Gott
und von den Menschen trennt.
Die Sünde entfernt uns
von der Liebe und vom Guten.
Jede Sünde richtet Schaden an.
Sie zerstört etwas in mir.
Sie zerbricht Beziehungen
zwischen Mensch und Mensch,
zwischen Mensch und Gott.**

Eine leichte Sünde ist etwas,
was mir passiert:
aus Faulheit, Feigheit, Zorn,
Neid, Eifersucht,
schlechten Gewohnheiten ...

Eine schwere Sünde ist etwas ganz Böses.
Du weißt es.
Du willst es trotzdem.
Du machst es extra.

Wer eine schwere Sünde getan hat,
muss sie beichten.
Bei leichten Sünden sollen wir
um Vergebung bitten.
Es hilft auch, sie zu beichten.

Sünde und Fehler
Die Sünde darf nicht als Fehler verharmlost werden. Fehler und Sünden sind zwei unterschiedliche Dinge. Ein Fehler ist gerade keine Sünde, sondern ein Irrtum, wie zum Beispiel ein Rechenfehler oder ein versehentlich verpennter Geburtstagsgruß. Wir Menschen sind aber nicht nur zu Irrtümern fähig, sondern auch zum Bösen. Jesus ist nicht gekommen, um unsere Fehler zu korrigieren, sondern um für unsere Sünden zu sterben und uns Vergebung zu schenken.

Sünde als Erziehungsmittel?
Es gibt Eltern, die verwechseln eine christliche Erziehung mit einer Erziehung zum Bravsein und Nichts-falsch-Machen. Aber Kinder sind von Natur aus verspielt und müssen hin und wieder auch über die Stränge schlagen dürfen, damit sie sich zu starken und selbstbewussten Menschen entwickeln. Deshalb brauchen Eltern in der Erziehung nicht „sündenängstlich" zu sein. Nicht alles, was schief geht, ist gleich eine Sünde! Was Gemeinheiten und Bosheiten sind, wissen Kinder jedoch sehr genau, und Eltern sollten ihnen das auch als Sünde vor Augen führen. Dennoch darf man niemals mit Angst erziehen; erst recht darf man Gott nicht als bösen Aufpasser missbrauchen.

82 *Was hat Gott überhaupt mit unseren Sünden zu tun?*

**Gott liebt alles, was er geschaffen hat.
Deswegen ist jede Sünde so,
als würde man sie Gott selbst antun.**

Gott fühlt in Liebe
mit jedem Menschen mit.
Jesus sagt: „Was ihr für einen
meiner geringsten Brüder getan habt,
das habt ihr mir getan.“ (Mt 25,40)

Wir sind durch die Taufe
Kinder Gottes geworden.
Mit jeder Gemeinheit oder Bosheit
tust du seinen Geschöpfen weh.
Du verletzt deine Brüder und Schwestern,
schadest dir selbst und wendest dich
von den Menschen und von Gott ab.

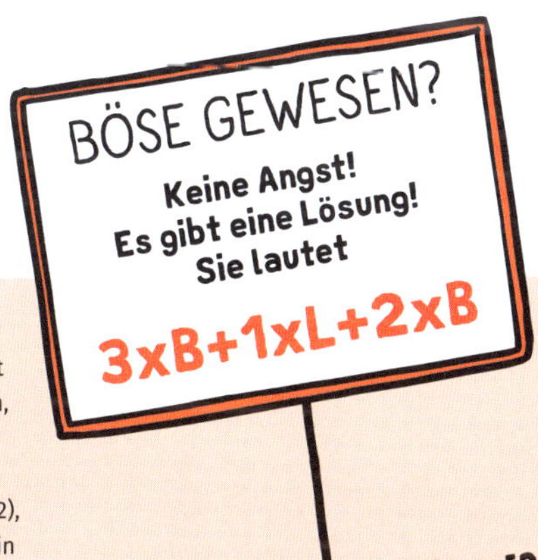

Ihr kommt nicht drauf?
Lösung auf der folgenden Seite!

Nach einer alten Faustregel ist eine **schwere Sünde:**
- bewusst,
- willentlich
- und in einer schwerwiegenden Angelegenheit gegen den Willen Gottes verstoßen.

Frage 315: Was ist überhaupt eine Sünde?

Gott liebt uns, so wie wir sind. Aber er liebt uns zu sehr, um uns zu lassen, wie wir sind.

Hl. Teresa von Ávila (1515–1582), span. Karmelitin und Mystikerin

Die Lösung – ganz klar: **3xB+1xL+2xB = Beichte!!**

83 *Was gehört zur Beichte?*

Besinnen und Bereuen

Die Beichte beginnt
mit dem Besinnen,
der Gewissenserforschung.

Du überlegst,
was du Schlechtes getan
und an Gutem nicht getan hast.

Es tut dir leid.
Dieses Gefühl
nennt man Reue.
Du nimmst dir vor,
diese Fehler nicht
wieder zu machen.

Damit du nichts vergisst,
kannst du auch alles aufschreiben
und den Zettel mitnehmen.

Bekennen

Du gehst zum Priester.
Ihr begrüßt einander.
Mit dem Kreuzzeichen begrüßt ihr Gott.
Dann kannst du loslegen:
Sag, wann deine letzte Beichte war!
Zähl deine Sünden auf,
du kannst auch den Zettel vorlesen.
Sag, wenn du fertig bist.
Sag, dass es dir leidtut.

Lossprechen

Bitte nach deinem Bekennen
um die Lossprechung:
„Ich bitte Gott um Vergebung."

Jetzt ist der Priester dran:
Er spricht mit dir.
Er gibt dir für nachher
die Bußaufgabe,
dann sagt er in der Kraft Jesu:

... So spreche ich dich los
von deinen Sünden
im Namen des Vaters und
des Sohnes und
des Heiligen Geistes.

Du bist frei!
Gott hat dir nun alles vergeben.
Zwischen dir und Gott ist es jetzt so,
als hättest du nie etwas Böses getan.
Jetzt kannst du dein Leben
neu beginnen.

Buße und Bessern

Die Bußaufgabe ist
manchmal ein Gebet.
Sie kann auch der Auftrag sein,
den Schaden wiedergutzumachen.
Oder sonst etwas Gutes zu tun.
Geh nach Hause
mit dem festen Vorsatz,
dich zu bessern.

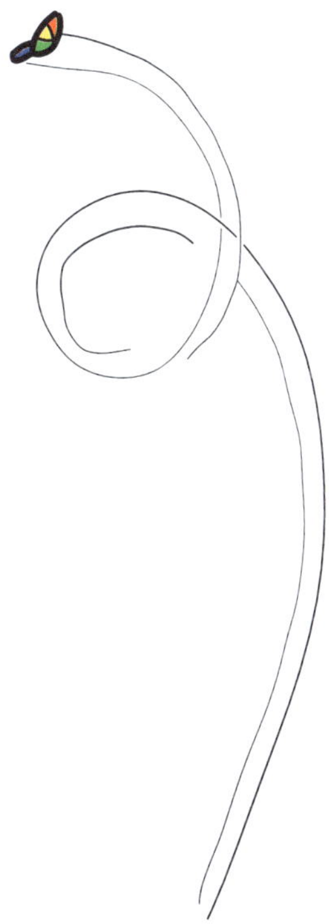

84 *Darf der Priester verraten, was er in der Beichte gehört hat?*

Niemals! Auf keinen Fall! Gar nicht!

Es ist strenge Vorschrift,
dass Priester nie verraten dürfen,
was sie in der Beichte gehört haben.
Man nennt das Beichtgeheimnis.
Manche Priester haben sich lieber umbringen lassen,
als das Beichtgeheimnis zu verletzen.
Du kannst dich absolut darauf verlassen,
dass ein Priester das Beichtgeheimnis wahrt.
Selbst einen Mörder dürfte er
der Polizei nicht verraten!

Beichtgeheimnis
Es gibt eine ganze Reihe von Priestern, die eher den Tod in Kauf genommen haben, als das Beichtgeheimnis zu verletzen. So berichtet man vom heiligen Johannes Nepomuk (1340–1393), dem Patron der Beichtväter, dass er hingerichtet wurde, weil er dem König nicht sagen wollte, was die Königin bei ihm gebeichtet hatte. Der Legende nach ließ ihn König Wenzel daraufhin in der Moldau ertränken. In Erinnerung an seine Treue zum Beichtgeheimnis und die Art seines Todes stehen Statuen von ihm auf vielen Brücken.

Absolute Schweigepflicht
Das Beichtgeheimnis wurde sogar in das Kirchenrecht aufgenommen, gewissermaßen als „die älteste Datenschutzvorschrift in der Rechtsgeschichte“ (John F. Jungclaussen, * 1970, dt. Historiker und Journalist).

85 *Was macht die Beichte mit mir?*

Die Beichte
versöhnt mich mit Gott
und der Gemeinschaft der Kirche
und schenkt mir
einen neuen Anfang.

Es befreit mich,
offen und ehrlich auszusprechen,
was ich Böses getan habe.
Noch befreiender ist es,
mit meinen eigenen Ohren zu hören,
dass Gott mir verziehen hat.

Beichte psychologisch

Die Beichte ist psychodynamisch gesehen die Möglichkeit, durch mutige Gewissenserforschung in die Abgründe des Halbbewussten und sogar Unbewussten herabzusteigen und schwelende innere Konflikte durch bewusstes pointiertes Aussprechen vor einem Vertreter Gottes zu neutralisieren. Sigmund Freud hat scharfsinnig beschrieben, dass die neurotische Kränkung dort Platz greift, wo das idealisierte Selbst sich zu sehr vom realen Ich entfernt. Das heißt, je mehr sich jemand ein geschöntes Bild von sich selber zurechtlegt, umso eher ist er kränkbar. Durch das Sündenbekenntnis können so die schmerzhaft verdrängten Anteile des Nicht-sein-Können-weil-nicht-sein-Dürfen der eigenen Schuld wieder heilsam in das Bewusstsein integriert werden, wodurch auch der Neurotizismus einer Person

reduziert wird, weil weniger Verdrängungsarbeit notwendig ist. **Raphael M. Bonelli** (*1968), öst. Psychiater

86 *Warum soll ich bei einem Priester beichten?*

Weil Jesus weiß, was uns Menschen guttut, sagte er zu den Aposteln: „Denen ihr die Sünden erlasst, denen sind sie erlassen; denen ihr sie behaltet, sind sie behalten.“ (Joh 20,23)
Diese Aufgabe der Apostel haben heute die Priester.

Auch wenn es uns schwerfällt – uns Menschen tut es gut, genau hinzusehen und auszusprechen, was unser Gewissen belastet.

Wir beichten ja eigentlich nicht bei einem Priester, sondern bei Gott. Der Priester ist nur das Werkzeug Gottes. Er leiht ihm sein Ohr und seine Stimme. Er steht auch für die Kirche, die wir durch unsere Sünde geschwächt haben.

Menschen können und sollen um Vergebung bitten; aber Schuld aus der Welt schaffen, das kann nur Gott.

Manche sagen: Ich habe zu viel Böses getan, der liebe Gott kann mir nicht verzeihen. Das ist eine grobe Lästerung. Es bedeutet, der Barmherzigkeit Gottes eine Grenze setzen. Sie hat aber keine: sie ist grenzenlos. Nichts beleidigt den lieben Gott so sehr, als an seiner Barmherzigkeit zu zweifeln.

Hl. Jean-Marie Vianney (Pfarrer von Ars)

Ich sage euch: Ebenso wird im Himmel mehr Freude herrschen über einen einzigen Sünder, der umkehrt, als über neunundneunzig Gerechte, die keine Umkehr nötig haben.
Jesus in Lk 15,7

87 *Ist es schon eine Sünde, wenn ich gerne etwas Verbotenes tun würde?*

Nein.
Es ist nur eine Versuchung.
Einer Versuchung zu widerstehen,
ist eine große Leistung.
Sie löst richtig Freude im Himmel aus.
Auch du kannst dich darüber freuen.

Es ist eine Versuchung,
den herumliegenden Fußball
einfach mitnehmen zu wollen.
Es ist eine Versuchung, heimlich
ein verbotenes Video anschauen zu wollen.
Es ist eine Versuchung,
wenn du den Besserwisser
in deiner Klasse am liebsten
richtig fertig machen würdest.
Wenn du es nicht tust,
bist du ein Sieger über das Böse.
So wie Jesus in der Wüste.

Lesen Sie mit Ihren Kindern auch die Versuchungsgeschichte Jesu in der Wüste: **Lk 4,1–13**

Seid wachsam, steht fest im Glauben, seid mutig, seid stark!
1 Kor 16,13

Versuchungen kommen meistens durch absichtlich offengelassene Türen.
Gilbert Keith Chesterton
(1874–1936), engl. Schriftsteller und Journalist

TREFFPUNKT 5 Die Krankensalbung

Die Krankensalbung
ist der Treffpunkt,
an dem Gott kranken und
kraftlos gewordenen Menschen
mit seiner Kraft
zu Hilfe kommt.

88 *Was macht die Krankensalbung mit mir?*

Die Krankensalbung schenkt dir Trost, Frieden und Kraft. Du triffst Jesus, der dich stärkt. Manche Kranke werden dadurch sogar geheilt.

Es ist nicht richtig zu meinen, dass die Krankensalbung nur für Sterbende da ist. Wer im Sterben liegt, soll beichten und die Eucharistie als „Wegzehrung“ empfangen. So nannte man früher die Lebensmittel oder Snacks, die man auf eine lange Wanderung mitnahm.

Auch die Krankensalbung hilft, die Not des Sterbens zu ertragen. Jesus ist der Einzige, der uns nicht nur beim Sterben begleiten, sondern uns durch den Tod hindurch ins himmlische Leben führen kann.

Gott begleite dich auf deinem Weg; er gebe dir Kraft, wenn du krank bist, er tröste dich, wenn du traurig bist und freue sich mit dir, wenn es dir gut geht.
Irischer Segensspruch

Ich glaube, dass die Krankheiten Schlüssel sind, die uns gewisse Tore öffnen können. Ich glaube, es gibt gewisse Tore, die einzig die Krankheit öffnen kann.

André Gide (1869–1951), frz. Schriftsteller

Sie trieben viele Dämonen aus und salbten viele Kranke mit Öl und heilten sie.
Mk 6,13

89 *Wie wird die Krankensalbung gefeiert?*

**Der Priester salbt Stirn und Hände
des Kranken mit geweihtem Öl.
Dabei spricht er die Worte:**

Die Evangelien erzählen,
dass sich Jesus ganz besonders
um die Kranken kümmerte;
er hat viele, viele Menschen
an Leib und Seele gesund gemacht.
Kranke können Gottes Liebe auch heute noch
in der Krankensalbung spüren.
Im Priester steht Jesus selbst
am Bett des Kranken.

Jesus zog durch alle Städte und Dörfer, lehrte in ihren Synagogen, verkündete das Evangelium vom Reich und heilte alle Krankheiten und Leiden. Als er die vielen Menschen sah, hatte er Mitleid mit ihnen; denn sie waren müde und erschöpft wie Schafe, die keinen Hirten haben.
Mt 9,35–36

90 *Wer spendet die Krankensalbung?*

**Die Krankensalbung wird
durch Bischöfe und Priester
gespendet.**

91 *Wie oft kann man die Krankensalbung empfangen?*

Sooft ein Mensch sie braucht.

Die Krankensalbung kann man empfangen,
wenn man ernsthaft krank ist,
besonders wenn der Zustand schlimmer wird.
Es ist egal, ob man alt oder jung ist.
Auch in schlimmen seelischen Nöten
oder vor einer Operation bitten Menschen
um die Krankensalbung.

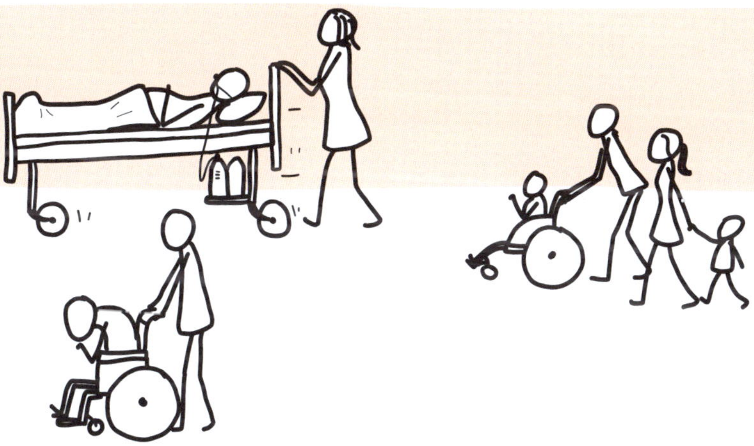

Von **Karl Rahner** (1904–1984) gibt es ein sehr schönes Gebet eines kranken Menschen, das auch Kinder schon verstehen können, wenn einer schwer krank ist in der Familie:

„Lass mich im Leid nicht bitter werden,
sondern reif, geduldig, selbstlos, milde und voll Sehnsucht
nach jenem Land, in dem kein Leid wohnt
und nach jenem Tag, wo du jede Träne abwischen wirst
von den Augen derer, die dich geliebt haben
und im Schmerz an deine Liebe,
in der Nacht an dein Licht geglaubt haben."

Ist einer unter euch krank, dann rufe er die Ältesten der Gemeinde zu sich; sie sollen Gebete über ihn sprechen und ihn im Namen des Herrn mit Öl salben.
Jak 5,14

TREFFPUNKT 6

Das Weihesakrament

Die Weihe ist
der Treffpunkt,
an dem Gott
Männer wie die Apostel
mit Vollmacht ausrüstet
und losschickt.

92 *Was geschieht beim Weihesakrament?*

**Bei der Weihe wird Männern,
die von Gott und der Kirche ausgesucht wurden,
die Vollmacht geschenkt,
im Auftrag Jesu der Gemeinde gegenüberzutreten
und seinen Dienst an den Menschen zu tun.**

Sie tun dies als Bischöfe,
Priester oder Diakone.

93 *Was ist ein Bischof?*

**Ein Bischof ist der Nachfolger der Apostel
und der Stellvertreter Jesu
für sein → Gebiet.
Auch der Papst ist ein Bischof,
der Bischof der Diözese Rom.
Um Bischof zu werden,
muss man erst Priester sein.**

Wie Jesus die Menschen lehrte
und sein Volk leitete,
so ist der Bischof der Anführer seiner Leute
und ihr wichtigster Lehrer.
Die Priester und Diakone
sind seine Mitarbeiter.

→ Das **Gebiet** eines Bischofs nennt man Diözese oder Bistum.

Die Diener des Evangeliums müssen in der Lage sein, die Herzen der Menschen zu erwärmen, in der Nacht mit ihnen zu gehen. Sie müssen ein Gespräch führen und in die Nacht hinabsteigen können, in ihr Dunkel, ohne sich zu verlieren. Das Volk Gottes will Hirten und nicht Funktionäre.
Papst Franziskus

Dann beteten sie: Du Herr, kennst die Herzen aller; zeige, wen von diesen beiden du erwählt hast, diesen Dienst und dieses Apostelamt zu übernehmen!
Apg 1,24–25a

94 Was ist ein → Papst?

**Der Papst ist der Nachfolger
des heiligen Petrus. Zu ihm sagte Jesus:
„Du bist Petrus und auf diesen Felsen
werde ich meine Kirche bauen …
Ich werde dir die Schlüssel des Himmelreichs geben;
was du auf Erden binden wirst,
das wird im Himmel gebunden sein,
und was du auf Erden lösen wirst,
das wird im Himmel gelöst sein.“** (Mt 16,18–19)
**Deswegen ist er der erste unter allen Bischöfen
und der Stellvertreter Christi auf der Erde.**

→ Das Wort **„Papst“** kommt vom Griechischen *pappa* (= Vater).

„Papst kann jeder werden. Der beste Beweis dafür bin ich selbst.“

Hl. Papst Johannes XXIII. (1881–1963)

Wie viele Päpste gab es bis heute?
In Rom, in der Kirche Sankt Paul vor den Mauern, sieht man eine lange Reihe von Bildern – vom ersten Papst (dem hl. Petrus) bis zu seinem 266. Nachfolger: Papst Franziskus.

95 *Was sind Priester?*

**Priester sind Männer,
die Jesus für eine ganz besondere
Aufgabe in der Kirche braucht:
Sie sollen Gott zu den Menschen bringen
und die Menschen zu Gott.**

Jesus schenkt sich uns
durch den Priester in der Eucharistie.
Jesus vergibt uns durch den Priester die Sünden.
Jesus salbt und stärkt
durch den Priester die Kranken.

Ein Priester kann vielleicht nicht besser Auto fahren,
kochen, denken oder reden als andere Menschen.
Aber in ganz besonderen Momenten,
nämlich bei der Spendung der Sakramente,
ist jeder Priester das Werkzeug Gottes:
Jesus handelt durch ihn.

Wenn ich an die Pfarrer von früher denke, die noch die Namen ihrer Pfarrkinder kannten, sie noch besucht haben; oder – wie einer von ihnen einmal zu mir sagte: „Ich weiß von jeder Familie, wie ihr Hund heißt." Das muss man sich einmal vorstellen! ... Das war doch schön!

Papst Franziskus

Der Priester ist eine Monstranz: Seine Aufgabe ist es, Jesus zu zeigen. Er selbst muss sich zurücknehmen und zulassen, dass man nur Jesus sieht.

Sel. Charles de Foucauld

Wie bei allen Menschen gibt es unter Priestern Heilige und Sünder. Wegen der Größe ihrer Berufung und dem besonderen Vertrauen, das ihnen die Menschen entgegenbringen, ist jeder **Missbrauch** dieses Vertrauens eine besonders schwere Sünde.

96 *Wer kann Priester werden?*

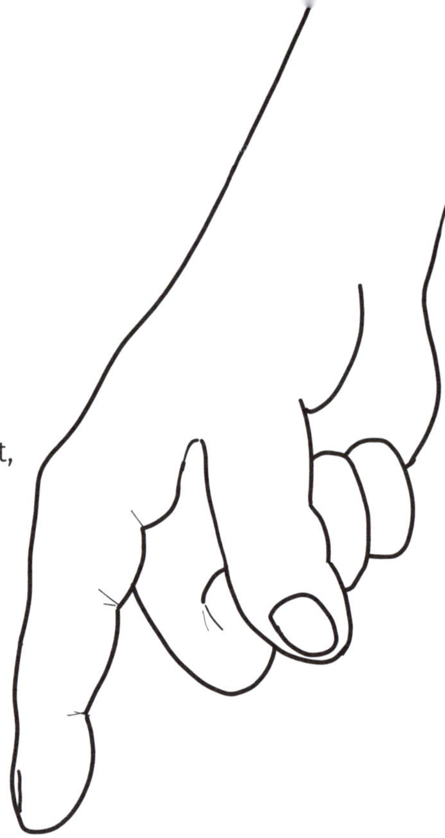

**Jeder getaufte und gefirmte Mann
kann Priester werden,
wenn Gott ihn beruft und die Kirche
ihn beauftragt und weiht.**

Gott hat für jeden von uns einen Plan.
Wenn Gott einen Menschen zum Priester beruft,
macht er sich in seinem Herzen bemerkbar.
Einige spüren es schon als Kind.
Viele erfahren ihre Berufung
als junge Erwachsene.
Manche ruft Gottes Stimme
mitten aus ihrem Beruf heraus –
hinein in den Dienst für Gott
und die Menschen.

97 *Was ist ein → Diakon?*

**Ein Diakon entlastet den Bischof
und die Priester durch seinen Dienst.
Nach dem Vorbild Jesu
kümmert er sich
um die Armen, Kranken
und Notleidenden;
er verkündet den Glauben
und wirkt im Gottesdienst mit.**

→ **Diakon** bedeutet Diener (vom griechischen Wort *diakonia*, Dienst). Eine alte syrische Kirchenordnung nennt den Diakon „Auge, Mund, Herz und Seele des Bischofs".

In diesen Tagen, als die Zahl der Jünger zunahm, begehrten die Hellenisten gegen die Hebräer auf, weil ihre Witwen bei der täglichen Versorgung übersehen wurden. Da riefen die Zwölf die ganze Schar der Jünger zusammen und erklärten: Es ist nicht recht, dass wir das Wort Gottes vernachlässigen und uns dem Dienst an den Tischen widmen. Brüder, wählt aus eurer Mitte sieben Männer von gutem Ruf und voll Geist und Weisheit; ihnen werden wir diese Aufgabe übertragen. Wir aber wollen beim Gebet und beim Dienst am Wort bleiben. Der Vorschlag fand den Beifall der ganzen Gemeinde und sie wählten Stephanus, einen Mann, erfüllt vom Glauben und vom Heiligen Geist, ferner Philippus und Prochorus, Nikanor und Timon, Parmenas und Nikolaus, einen Proselyten aus Antiochia. Sie ließen sie vor die Apostel hintreten und diese legten ihnen unter Gebet die Hände auf. Und das Wort Gottes breitete sich aus und die Zahl der Jünger in Jerusalem wurde immer größer; auch eine große Anzahl von den Priestern nahm gehorsam den Glauben an.
Apg 6,1–7

98 *Warum heiraten Priester und Bischöfe nicht?*

Bischöfe und Priester sollen wie Jesus leben:
Jesus war nicht verheiratet.
Er lebte nur für Gott
und diente den Menschen.
Jesus war frei für alle.

Auf Partnerschaft in Ehe und Familie zu verzichten
ist ein starkes Zeichen dafür,
dass Gott größer ist als alles.
Man nennt das: im → Zölibat leben.

99 *Was sind Ordensleute?*

Ordensleute sind Menschen,
die ihr Leben Gott schenken,
indem sie die „Evangelischen Räte“
öffentlich versprechen und leben.

Die Evangelischen Räte heißen so,
weil Jesus im Evangelium immer wieder
bestimmten Menschen seine eigene Lebensweise anrät.
Sie versprechen Armut, Ehelosigkeit und Gehorsam.
Sie tun das, weil sie Gott über alles lieben
und weil sie wollen, dass alle Menschen
Gottes Liebe erkennen.

→ Das Wort **Zölibat** kommt vom lateinischen Wort *caelebs* (= allein, unverheiratet). Eigentlich ist das Wort unpassend, denn ein Priester darf kein ungebundener Single sein. Er ist mit Gott „verheiratet“; seine Liebe gehört Gott und den Menschen, und deshalb lebt er gerade nicht allein.

„Die Familie ist die Berufung, die Gott in die Natur des Mannes und der Frau eingeschrieben hat, aber außer der Ehe gibt es noch eine andere, zusätzliche Berufung: den Ruf zum Zölibat und zur Jungfräulichkeit für das Himmelreich. Das ist die Berufung, die Jesus gelebt hat.

Papst Franziskus

„Sobald ich glaubte, dass es einen Gott gibt, habe ich verstanden, dass ich nur für ihn leben kann.

Charles de Foucauld

100 Können auch Frauen Priester werden?

Weil Jesus Männer zu Aposteln berief, werden seit dem Anfang der Kirche Männer zu Priestern geweiht. Zum engsten Freundeskreis Jesu gehörten aber auch Frauen. Männer und Frauen waren ihm gleich viel wert.

Maria hat Jesus im Bauch und freut sich mit ihrer Cousine Elisabet.
(vgl. Lk 1,39–56)

Jesus trauert mit Maria und Marta, zwei Schwestern, über den Tod ihres Bruders Lazarus.
(vgl. Joh 11,1–46)

Jesus führt am Jakobsbrunnen ein wunderbares Gespräch mit der Frau aus Samaria.
(vgl. Joh 4,1–42)

Vier Frauen bleiben bei Jesus, als er stirbt.
(vgl. Joh 19,25)

Maria von Magdala erkennt den Auferstandenen.
(vgl. Joh 20,16)

i Das Alte Testament hebt immer wieder starke Frauen hervor. Eva ist die „Mutter aller Lebenden“; Sara, Rebekka, Rahel und Lea heißen die großen Mütter des Volkes Israel. Debora, Jaël, Ester und Judit retteten durch ihren Mut und ihre Tatkraft das Volk vor der drohenden Vernichtung. Es gibt auch Frauen, die Prophetinnen sind, so zum Beispiel Miriam, Hanna, Abigail und Hulda. Drei Bücher der Heiligen Schrift tragen den Namen einer Frau und erzählen ihre Geschichte: Rut, Judit, Ester.

101 *Welche Rolle spielen Frauen bei Jesus?*

Eine Hauptrolle.

Gott klopfte bei Maria an,
als er Mensch werden wollte.
Sie brachte Jesus zur Welt
und begleitete ihn bis unter das Kreuz.
Zur Zeit Jesu wurden Frauen
wie kleine Kinder behandelt.
Sie mussten gehorchen.
Aber Jesus nahm sie ernst.
Er schenkte ihnen seine Freundschaft.
Manche wurden sogar seine Jüngerinnen
und wanderten mit ihm.
Es war eine Frau, der sich Jesus
nach seiner Auferstehung zuerst zeigte:
Maria Magdalena. Sie sollte
den Aposteln sagen: Jesus lebt! Deswegen
wird sie auch „Apostelin der Apostel“ genannt.

Wie Jesus damals Maria und die anderen Frauen brauchte,
so braucht Jesus auch heute die Frauen in seiner Kirche.
Ohne sie wäre die Kirche wie halbseitig gelähmt.

„Maria – eine Frau – ist wichtiger als die Bischöfe!“
Papst Franziskus

„Der Geburt nach bin ich Albanerin, der Staatsangehörigkeit nach Inderin; ich bin eine katholische Schwester. Durch meine Mission gehöre ich der ganzen Welt, aber mein Herz gehört nur Jesus.“

Hl. Mutter Teresa

„Oh, … ich habe die Berufung, Apostel zu sein. … Ich möchte das Evangelium in allen fünf Weltteilen gleichzeitig verkünden, … ich möchte Missionar sein nicht nur für einige Jahre, sondern möchte es gewesen sein von Anbeginn der Welt und es bleiben bis ans Ende der Zeiten.“

Hl. Therese von Lisieux (1873–1897)

TREFFPUNKT 7 Die Ehe

Die Ehe
ist der Treffpunkt,
von dem an Gott
die Liebe von Mann und Frau
mit seiner Liebe vereint.

102 *Was ist das Schöne an der Liebe von Mann und Frau?*

Das Schöne an der Liebe ist,
dass Gott Mann und Frau
perfekt füreinander gemacht hat.
Er hat sie für die Liebe geschaffen.
Er hat sie verschieden gemacht,
damit sie sich nacheinander sehnen,
sich ergänzen und füreinander da sind.
Sie finden sich körperlich anziehend
und freuen sich aneinander.
Das Schöne an ihrer Liebe ist,
dass du daraus entstanden bist.

Als dein Vater und deine Mutter Eltern wurden,
haben sie mit Gott zusammen
etwas völlig Neues in die Welt gebracht,
was es vorher nicht gab
und nur ein einziges Mal gibt:
Dich!

Jemanden lieben heißt als einziger ein für den anderen unsichtbares Wunder sehen.
François Mauriac (1885–1970), frz. Schriftsteller

Verzaubert hast du mich, meine Schwester Braut; verzaubert mit einem Blick deiner Augen, mit einer Perle deiner Halskette. Wie schön ist deine Liebe, meine Schwester Braut, wie viel süßer ist deine Liebe als Wein, der Duft deiner Salben köstlicher als alle Balsamdüfte.
Hld 4,9–10

Seine Freude in der Freude des anderen finden können, das ist das Geheimnis des Glücks.
Georges Bernanos (1888–1948), frz. Schriftsteller

103 *Was ist heiraten?*

Heiraten bedeutet:
ein Mann und eine Frau entscheiden,
ein Leben lang zusammenzubleiben,
in guten und in schweren Zeiten.
Sie lieben einander und wollen
nicht mehr ohne den anderen sein.
Das versprechen sie in der Kirche
vor der Familie, vor Freunden
und der ganzen Gemeinde.

Leg mich wie ein Siegel auf dein Herz, wie ein Siegel auf deinen Arm, denn stark wie der Tod ist die Liebe ... Mächtige Wasser können die Liebe nicht löschen, auch Ströme schwemmen sie nicht hinweg. Böte einer für die Liebe den ganzen Reichtum seines Hauses, nur verachten würde man ihn.
Hld 8,6–7

Jemanden lieben, heißt ihm sagen: Du wirst nicht sterben.

Gabriel Marcel (1889–1973), frz. Philosoph

Wenn ich in den Sprachen der Menschen und Engel redete, hätte aber die Liebe nicht ... wenn ich alle Glaubenskraft besäße und Berge damit versetzen könnte, hätte aber die Liebe nicht, wäre ich nichts. ... Sie erträgt alles, glaubt alles, hofft alles, hält allem stand. Die Liebe hört niemals auf.
1 Kor 13,1–2; 7–8

104 *Was passiert bei der Hochzeit in der Kirche?*

Braut und Bräutigam
legen vor einem Priester das Eheversprechen ab:
„Vor Gottes Angesicht nehme ich
dich → N. an als meine Frau/meinen Mann.
Ich verspreche dir die Treue
in guten und bösen Tagen,
in Gesundheit und Krankheit,
bis der Tod uns scheidet.
Ich will dich lieben, achten und ehren,
alle Tage meines Lebens.“

Sie stecken einander den Ring an
als Zeichen ihrer Liebe und Treue.
Sie versprechen, die Kinder,
die Gott ihnen schenken will,
aus seiner Hand anzunehmen.
Gott verbindet die beiden.
Dann werden sie nicht mehr zwei sein,
sondern eins.

→ Hier wird der Vorname von Braut und Bräutigam genannt.

Lasst euch erneuern durch den Geist in eurem Denken! Zieht den neuen Menschen an, der nach dem Bild Gottes geschaffen ist in wahrer Gerechtigkeit und Heiligkeit!
Eph 4,23–24

Menschenfreundliche Gesetze im Volk Gottes:
Wenn ein Mann neuvermählt ist, muss er nicht mit dem Heer ausrücken. Man soll auch keine andere Leistung von ihm verlangen. Ein Jahr lang darf er frei von Verpflichtungen zu Hause bleiben und die Frau, die er geheiratet hat, erfreuen.
Dtn 24,5

„Die großen Dinge der Welt, das Leben, die Liebe, Gott – die kann man nicht machen, nur geschenkt bekommen.“
Papst Benedikt XVI.

Frage 262: Was gehört notwendig zu einer christlich-sakramentalen Ehe?

105 *Was macht das Ehesakrament mit dem Ehepaar?*

Gott kommt mit seiner göttlichen Liebe in die menschliche Liebe des Brautpaares. Eine christliche Ehe ist nämlich ein Bund mit drei Partnern: die Frau, der Mann und Gott. Ein Paar, das in der Kirche heiratet, holt sich die Liebe selbst ins Boot. Gott geht mit den beiden durch dick und dünn.

Habt ihr nicht gelesen, dass der Schöpfer sie [die Menschen] am Anfang männlich und weiblich erschaffen hat und dass er gesagt hat: Darum wird der Mann Vater und Mutter verlassen und sich an seine Frau binden und die zwei werden ein Fleisch sein? Sie sind also nicht mehr zwei, sondern ein Fleisch. Was aber Gott verbunden hat, das darf der Mensch nicht trennen. **Mt 19,4–6**

Von der Gültigkeit der Ehe
Jesus lehnt unter Berufung auf den Willen des Schöpfers die Ehescheidung ab (siehe links). In der Treue zu Jesus kennt auch die Kirche keine Ehescheidung, aber sie weiß, dass es Ehen gibt, die eigentlich nie richtig zustande gekommen sind (ungültig geschlossene Ehen).

Mehr darüber:

Frage 263: Warum ist die Ehe unauflöslich?

Frage 416: Was gehört wesentlich zur christlichen Ehe?

Wer an Hochzeit denkt, denkt an
Blumen, Musik, Tanz, schöne Kleider,
gutes Essen und viele Freunde und Verwandte.
Aber das Wichtigste geschieht in der Kirche:
In dem Moment, in dem die beiden
einander vor Gott feierlich
die Ehe versprechen,
segnet Gott sie und verbindet sie
mit seiner Liebe,
damit sie die Kraft haben,
ein Leben lang treu
und in der Liebe zu bleiben.

106 *Können Männer auch Männer heiraten, oder Frauen Frauen?*

**Das Sakrament der Ehe gibt es nur
zwischen Mann und Frau,
die einen Bund mit Gott schließen.**

Menschen, die sich
zum gleichen Geschlecht hingezogen fühlen,
können miteinander befreundet sein,
einander unterstützen und füreinander sorgen.
Aber das ist etwas anderes als eine Ehe.

Die Ehe ist auch tägliche Arbeit, ich könnte sagen: eine Handwerksarbeit, eine Goldschmiedearbeit; weil der Ehemann die Aufgabe hat, die Ehefrau mehr Frau werden zu lassen, und die Ehefrau ihren Ehemann mehr zum Mann werden lassen muss. … Na ja, und so kann ich mir vorstellen, wie dich dann eines Tages auf der Straße im Dorf die Leute ansprechen und sagen: „Was für eine schöne, starke Frau! … Kein Wunder, bei dem Ehemann!“ Und auch zu dir werden sie sagen: „Schaut ihn euch an! … Kein Wunder, bei der Ehefrau!“ … Und die Kinder haben dann dieses Erbe, einen Vater und eine Mutter gehabt zu haben, die gemeinsam gewachsen sind, indem sie sich gegenseitig geholfen haben, mehr Mann und mehr Frau zu werden!

Papst Franziskus an junge Paare

107 *Wie kann die Liebe in der Familie wachsen?*

Wenn Eltern und Kinder täglich die Hilfe Gottes suchen, kann die Liebe zueinander wachsen, auch in schwierigen Zeiten.

Gott ist wie eine Tankstelle mit angeschlossener Reparaturwerkstatt:
Auf dreifache Weise können wir Liebe „tanken".
Durch das Gebet.
Mutter Teresa sagt sogar: → „Eine Familie, die zusammen betet, bleibt zusammen."
Durch Versöhnung:
Die Bibel empfiehlt:
„Die Sonne soll über eurem Zorn nicht untergehen." (Eph 4,26)
Durch die heilige Kommunion:
Jesus sagt: „Bleibt in mir und ich bleibe in euch." (Joh 15,4)

Du bist zeitlebens für das verantwortlich, was du dir vertraut gemacht hast.

Antoine de Saint-Exupéry (1900–1944), frz. Schriftsteller und Pilot

Ehesakrament

„Eine zerbrochene Ehe", sagt die österreichische Schriftstellerin Gertrud Fussenegger (1912–2009), „ist eine zerbrochene Welt." Wenn Jesus die Unauflöslichkeit der Ehe betont, legt er Menschen kein fesselndes Gebot auf; er befreit sie vielmehr dazu, die große Liebe nicht allein voneinander zu erwarten, sondern von ihm. Nur mit Gott ist der Satz aus dem Hohelied der Liebe wahr: „Die Liebe hört niemals auf" (1 Kor 13,8).

→ A family that prays together stays together.
Hl. Mutter Teresa

Paulus sagt:
„Die Liebe ist langmütig,
die Liebe ist gütig ...
sie sucht nicht ihren Vorteil ...
sie trägt das Böse nicht nach."
(1 Kor 13,4–5)

108 *Was ist, wenn Ehepartner auseinandergehen?*

**In dieser Welt ist nur Gott vollkommen.
Wir Menschen können scheitern,
sogar in der Ehe.
Das Besondere an Gott:
Er verlässt uns auch dann nicht,
wenn wir gescheitert sind.**

**Kein Kind ist schuld daran,
wenn seine Eltern auseinandergehen.
Auch wenn Vater und Mutter
nicht mehr zusammenleben,
wollen die meisten doch gute Eltern sein,
weil sie ihre Kinder lieben.**

Nicht mehr mit beiden Eltern
zusammenleben zu können,
ist wirklich sehr traurig.
Aber selbst in schwierigsten Situationen
kann manches heilen;
Dinge können leichter werden,
und Neues kann wachsen,
wenn man Gott in seine Not hineinlässt.

„Am Abend unseres Lebens wird es die Liebe sein, nach der wir beurteilt werden; die Liebe, die wir allmählich in uns haben wachsen und sich entfalten lassen, in Barmherzigkeit für jeden Menschen in der Kirche und in der Welt.

Frère Roger Schutz

„Zusammenleben ist eine Kunst ... Sie hat drei Regeln, die sich in den drei Worten zusammenfassen lassen: Bitte, Danke und Entschuldigung.

Papst Franziskus

„Mögest du Ruhe finden,
wenn der Tag sich neigt und
deine Gedanken noch einmal die Orte aufsuchen,
an denen du heute Gutes erfahren hast.
Auf dass die Erinnerung dich wärmt
und gute Träume deinen Schlaf begleiten.
Altirischer Segensspruch

109 *Was sind Sakramentalien und heilige Zeichen und welche gibt es?*

Sakramentalien sind
kleinere Treffpunkte mit Gott.
Man versteht darunter Dinge
und zeichenhafte Handlungen,
die uns an Gottes Liebe erinnern
und uns Gottes Segen schenken.

Das ganze Kirchenjahr
ist geprägt von heiligen Zeichen:
Am Aschermittwoch wird das Aschenkreuz gespendet,
am Gründonnerstag findet die Fußwaschung statt,
es gibt den Dreikönigssegen oder den Blasiussegen,
es finden Prozessionen und Wallfahrten statt.

Zu den heiligen Zeichen gehören außerdem
Weihwasser, Kerzen, Kreuze, Ikonen,
Heiligenbilder und -figuren,
Medaillen und Rosenkränze.

Heilige Zeichen
In der katholischen Kirche gibt es eine hohe Wertschätzung für Gesten, Dinge und Orte, die von Gott berührt wurden. Dass in heiligen Zeichen etwas „vibriert" von der Gegenwart Gottes, kommt auch in einem Kirchenlied zum Ausdruck, in dem von dieser Gegenwart Gottes die Rede ist. In „menschlichen Gebärden", heißt es da, „bleibt er den Menschen nah".

Der Herr ist im ganzen Kirchenjahr mit uns unterwegs und erklärt uns die Schrift, lässt uns dieses Geheimnis begreifen: Alles spricht von ihm. Und das sollte auch unsere Herzen brennen lassen, so dass auch uns die Augen aufgehen können (Lk 24,32). Der Herr ist bei uns, er zeigt uns den wahren Weg.
Papst Benedikt XVI.

Das Kirchenjahr: Ein ganzes Jahr mit Gott

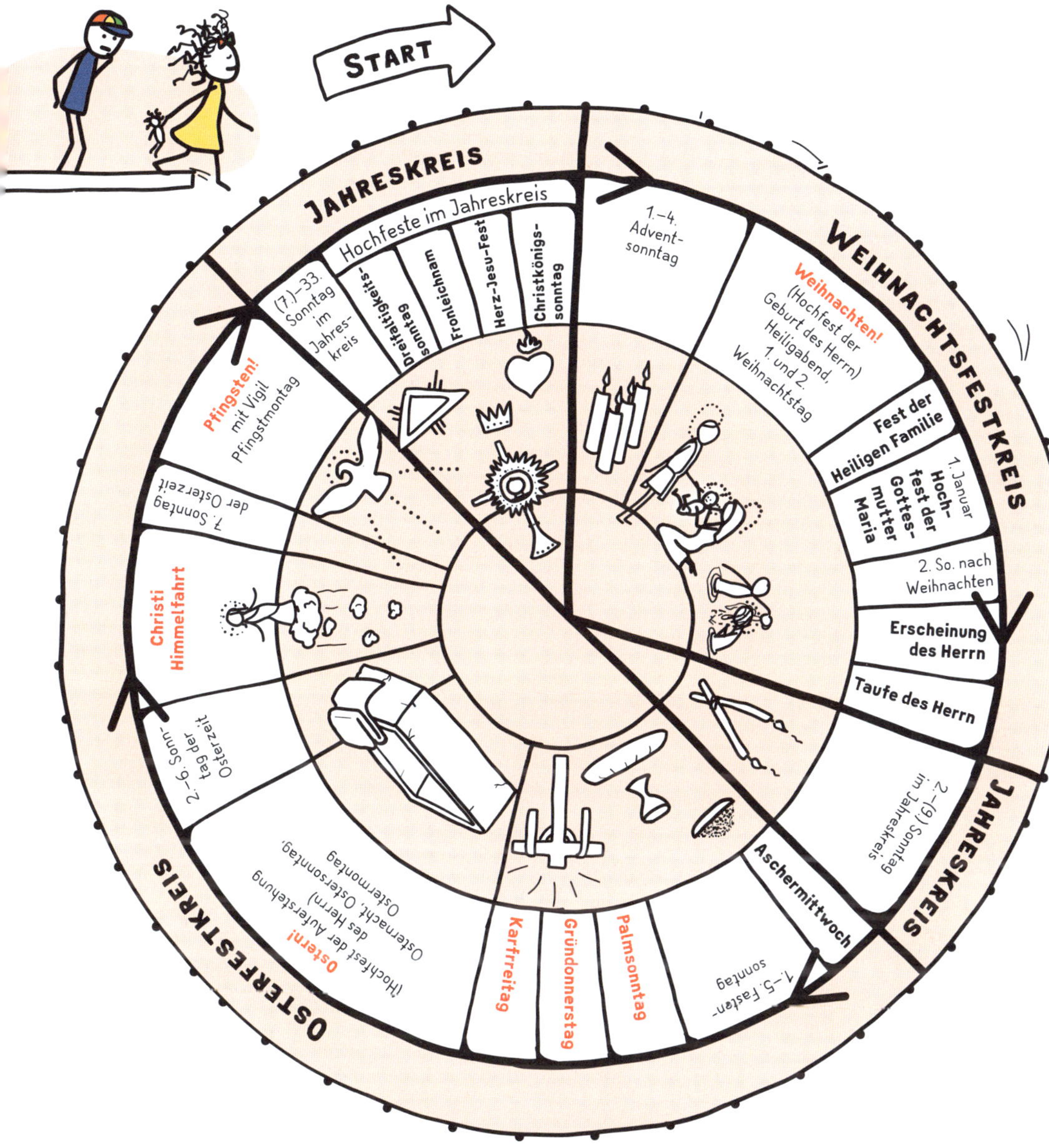

Kirchenjahr

Mit dem „Kirchenjahr" wiederholt die Kirche im Kern gewissermaßen im Jahresrhythmus das Leben Jesu. Das Kirchenjahr mitfeiern heißt also am Leben Jesu teilnehmen – von seiner Menschwerdung (Advent) über seine Geburt (= Weihnachten), sein letztes Mahl mit den Jüngern (= Gründonnerstag), sein Sterben (= Karfreitag), seine Auferstehung von den Toten (= Ostern) bis hin zur Sendung des Heiligen Geistes (= Pfingsten). Zwei mehrwöchige Vorbereitungszeiten führen uns zu den Höhepunkten des Kirchenjahres: Die Adventszeit bereitet die Herzen auf die Ankunft des Menschgewordenen vor; die Fastenzeit lehrt uns umzukehren, damit es auch in uns Ostern wird. Auch die Heiligenfeste führen uns zu Jesus. An jedem Tag des Jahres stellt uns die Kirche Teile aus der Heiligen Schrift vor Augen und bietet uns das „Brot des Lebens" an. Das Kirchenjahr aktiv mitleben ist nicht nur eine wunderschöne Erfahrung – es ist eine Schnellstraße zu Jesus und führt in das Herz der Kirche.

bwin

Teil III

DAS GUTE TUN

DIE GEBOTE

10 Spielregeln von Gott

Wie wir
Schritt für Schritt lernen,
richtig gut und glücklich zu leben.
Was die ZEHN GEBOTE
genau bedeuten,
und wie wir Gott
damit zeigen können,
dass wir seine Wege gehen.

Fragen 110–137

110 *Warum ist es Gott wichtig, wie ich lebe?*

Gott will, dass du glücklich bist.
Und dass auch die anderen glücklich sind.
Das ist manchmal ganz schön schwer.
Gott zeigt dir, wie es geht:
Dazu sind die Gebote da,
dass wir frei werden für das Gute.
Gottes Gebote sind hilfreich wie Spielregeln.

Wie man nur dann gut Fußball spielt,
wenn man die Regeln kennt,
so gibt es auch im Leben Regeln,
die man kennen muss: Wer geizig ist
oder wer lügt, spielt falsch und unfair.
Wer stiehlt oder andere mobbt,
begeht schlimme Fouls.

Terror, Unterdrückung, Ausbeutung,
Raub und Mord sind schreckliche Verbrechen.
Sie machen die Welt kaputt.
Sie sind schlimmer als alles,
was im Fußball zu einer roten Karte
oder zum Platzverweis führt.
Besonders die Armen und Schwachen leiden darunter.
Gottes Gebote schützen sie.

Und manchmal schützen die Gebote
dich auch vor dir selbst.

Woher die Zehn Gebote kommen
Gott hat uns als freie Menschen geschaffen. Aber auch die Freiheit braucht eine Ordnung. Deshalb hat er seinem Volk, als er es aus der ägyptischen Sklaverei befreit hatte, die Zehn Gebote gegeben. Sie sind bis heute die Grundlage unserer Gesellschaftsordnung.

Es ist dir gesagt worden, Mensch, was gut ist und was der HERR von dir erwartet: Nichts anderes als dies: Recht tun, Güte lieben und achtsam mitgehen mit deinem Gott.
Mi 6,8

111 *Welche Gebote hat uns Gott gegeben?*

**Gott hat dem Volk Israel die Zehn Gebote gegeben.
Das sind Regeln für ein gutes Zusammenleben.
Jesus hat alle diese Gebote in einem
einzigen Satz zusammengefasst:
„Du sollst den Herrn, deinen Gott, lieben
mit deinem ganzen Herzen, mit deiner ganzen Seele,
mit deiner ganzen Kraft und deinem ganzen Denken,
und → deinen Nächsten wie dich selbst.“** (Lk 10,27)

Jesus will sogar, dass wir unsere Feinde lieben:
„Liebt eure Feinde; tut denen Gutes,
die euch hassen! Segnet die,
die euch verfluchen; betet für die,
die euch beschimpfen!
Dem, der dich auf die eine Wange schlägt, halt auch
die andere hin, und dem,
der dir den Mantel wegnimmt,
lass auch das Hemd!“ (Lk 6,27–29)

” Hab keine Angst zu lieben, bis es wehtut. Es ist die Weise, wie Jesus geliebt hat.

Hl. Mutter Teresa

→ ” Wer seinem Nächsten zu Hilfe kommt in seinem Leid, dieser Mensch hat mehr getan als derjenige, der von Köln bis Rom bei jedem Meilenstein ein Münster errichtet aus reinem Gold, dass darin gebetet und gesungen werde bis zum Jüngsten Tag. Denn so spricht der Sohn Gottes: „Ich habe meinen Tod nicht gelitten eines Münsters wegen und auch nicht um des Singens und Betens willen, sondern um des Menschen willen."

Hl. Albert der Große
(um 1200–1280)

112 *Wie lauten die → Zehn Gebote?*

Die Zehn Gebote

**1. Ich bin der Herr, dein Gott.
Du sollst keine anderen Götter neben mir haben.**

2. Du sollst den Namen Gottes nicht verunehren.

3. Du sollst den Tag des Herrn heiligen.

4. Du sollst Vater und Mutter ehren.

5. Du sollst nicht töten.

6. Du sollst nicht ehebrechen.

7. Du sollst nicht stehlen.

8. Du sollst nicht lügen.

9. Du sollst nicht begehren deines Nächsten Frau.

10. Du sollst nicht begehren deines Nächsten Hab und Gut.

Die zehn Spielregeln

Kann man die Zehn Gebote auch
„in modern“ sagen?
Versuch es doch selber mal!
Wie würdest du es sagen?

1. Gott kennt sich aus.
Er sagt, wie’s geht.
Niemand ist wichtiger als er.

2. Reiß keine blöden Witze über Gott
und wünsche niemandem
den Teufel an den Hals!

→ Die Quellen für die Zehn Gebote befinden sich im Alten Testament an zwei Stellen: **Ex 20,2–17** und **Dtn 5,6–21.**

Zehn Gebote der Befreiung
Um die Zehn Gebote richtig zu verstehen, muss man den Satz lesen, mit dem sie im Buch Exodus eingeleitet werden: „Ich bin der HERR, dein Gott, der dich aus dem Land Ägypten geführt hat, aus dem Sklavenhaus“ (Ex 20,2). Damit das Volk Gottes nie wieder zurückfällt in ein falsches Leben, gibt Gott schützende Regeln für ein Leben jenseits der Sklaverei.

3. Chill mit Gott!

4. Gib deinen Eltern Respekt!

5. Mach keinen fertig! Bring keinen um!
Hau nicht zu! Schlag nicht zurück!

6. Wenn du verheiratet bist:
Halte dein Versprechen!

7. Klau nix!
Keine illegalen Downloads!

8. Lüg nicht! Sei kein Angeber!

9. & 10. Du kannst nicht
alles haben, okay?!

113 *Wie merke ich, ob ich Gutes oder Böses tue?*

**Es gibt eine innere Stimme,
die dir sagt, dass es gut ist,
das Gute zu tun, und die dir hilft,
das Gute vom Bösen zu unterscheiden.
Wir hören das Echo der Stimme Gottes
im Gewissen.**

Wenn ich die Wahrheit sage,
auch wenn es mir schwerfällt,
habe ich ein gutes Gewissen.
Wenn ich ein Handy klaue,
obwohl ich Gottes Gebot kenne
„Du sollst nicht stehlen“,
bekomme ich ein schlechtes Gewissen.
Mein Gewissen schreit in mir:
„Das war böse!“ Es ist eine Sünde,
nicht auf die Stimme Gottes
zu hören, die mich vor dem
Bösen schützen möchte.

i **Gewissen:** Eigentlich wollen alle Menschen gut handeln bzw. ihr Handeln für gut halten können. Deshalb beruft man sich heute gerne auf sein persönliches Gewissen, wenn man sich bewusst gegen ein Gebot entscheidet. Für eine solche Gewissensentscheidung braucht es aber ein gut gebildetes (= die Gebote und ihren Sinn verstehendes) Gewissen, da wir dazu neigen, uns zu unserem eigenen Vorteil zu entscheiden.

Wenn Sie mehr zum Thema Gewissen wissen wollen, lesen Sie hier:

Y **Fragen 295–298**

Was das Gewissen betrifft, gibt es zwei Weisen, wie die Menschen sich dazu verhalten. Bei der einen ist das Gewissen lediglich eine Art Sinn für Anstand, ein Geschmack, der uns das eine oder das andere nahelegt. Bei der anderen ist es das Echo der Stimme Gottes. Nun hängt alles an dieser Unterscheidung. Der erste Weg ist nicht der des Glaubens, der zweite ist es.

Sel. John Henry Newman

114 *Was bedeutet „Du sollst keine anderen → Götter neben mir haben“?*

ERSTES GEBOT

„Du sollst keine anderen Götter neben mir haben.“

Die erste Spielregel bedeutet:
Es gibt nur einen Gott.
Gott ist wichtiger
als alles.

Gott ist wichtiger,
als viel Geld zu verdienen.
Gott ist wichtiger, als berühmt zu sein
und viele Fans zu haben.
Gott ist sogar wichtiger als ich selbst.
Gott schenkt mir gutes Leben;
er ist meine Freude,
mein Glück.

→ Viele Götter?
Es gibt natürlich nur einen Gott – und nicht viele „Götter“. Im übertragenen Sinn machen wir aber Dinge oft zu unserem „Gott“; wir behandeln sie, als wären sie das Allerwichtigste, dem wir alles andere unterordnen müssen. So werden sie zu „Göttern“ oder „Götzen“.

i Gott den ersten Platz einräumen
Gut leben heißt: Prioritäten setzen. Erst kommt das Wichtige, dann das weniger Wichtige, am Ende die Dinge, die zwar auch gut und schön sind, die man aber ebenso gut lassen kann. Ein Christ weiß: Gott muss den ersten Platz in seinem Herzen haben, sonst stimmt etwas nicht. Das kann aber auch bedeuten, dass ich an einem Sonntag einmal nicht in die Messe gehen kann, weil ich mich um meine kranken Kinder zu Hause kümmern muss. Denn Gott ist die Liebe, und die Liebe verlangt, dass ich mich um meine Kinder kümmere.

115 *Wovor schützt uns das erste Gebot?*

Das erste Gebot schützt uns vor falschen Vorbildern und Idolen. Es gibt viele geheime Götter und falsche Herren, Ziele oder Vorbilder, die uns beherrschen und abhängig machen.

> Gott anbeten heißt lernen, bei ihm zu sein, uns von unseren heimlichen Götzen zu lösen und ihn in die Mitte unseres Lebens zu stellen.
> **Papst Franziskus**

Menschen können beherrscht werden von Machtgier, vom Gedanken, ein Star zu werden, von Geld, Süßigkeiten oder von Markenmode. Auch Fernsehen, Internet, Computerspiele oder das Smartphone können zur wichtigsten Sache der Welt werden. Alles aber, was abhängig und süchtig macht, ist gegen Gott. Gott liebt uns und möchte, dass wir frei sind.

Falsche Idole

Der Begriff Idol (vom griechischen *εἴδωλον*, „Bild, Abbild") erinnert an das Alte Testament. Das berühmteste „Idol" war das Goldene Kalb (Ex 32,1–4). Noch heute tanzt die Gesellschaft wie damals um das Goldene Kalb. Wenn Geld zum Gott wird, ist das einfach Götzendienst. Falschen Göttern zu dienen, schadet den Menschen, wie schon die Bibel weiß: „Zahlreich sind die Schmerzen derer, die einem anderen Gott nacheilen" (Ps 16,4).

Allerlei Götzendienst

Fußball ist ein großartiger Sport. Aber er wird zum Götzendienst, wenn der Familienvater seine Zeit und sein Geld nur dafür verschwendet, seinem Club hinterherzureisen. Oder wenn der Fernseher im Wohnzimmer der Altar der Familie ist. Der Kult um Models, um Smartphones, um Stars, um Fernsehserien, um Essen, um Marken, um Einrichtung, um das Auto, all das kann zum Götzen werden.

116 *Was bedeutet „Du sollst den Namen Gottes nicht verunehren“?*

Zweites Gebot

„Du sollst den Namen Gottes nicht verunehren.“

Die zweite Spielregel bedeutet:
Gott hat uns seinen heiligen Namen anvertraut.
Wir sollen ihn niemals missbrauchen.
Aber wir dürfen ihn bei seinem Namen rufen,
wie einen Vater oder einen Freund.
Das heißt beten.

Dass Gott uns gesagt hat, wie er heißt,
zeigt sein großes Vertrauen zu uns.
Wer seinen Namen kennt,
hat den Schlüssel für sein Herz.
Deshalb darf man mit heiligen Worten
wie „Gott“, „Vater im Himmel“,
„Jesus Christus“ oder „Heiliger Geist“
niemals spielen, spotten oder Witze machen.
Zu fluchen oder jemanden zu verfluchen
und Gottes Namen in Flüchen zu verwenden,
ist eine schlimme Sünde.

Der Name Gottes ist im Volk Israel so heilig, dass er nicht einmal ausgesprochen werden darf. Am brennenden Dornbusch (Ex 3,15) hat Gott seinen Namen aber offenbart: Jahwe = „Ich bin (der ich bin da für euch)“. Wenn Eltern ihre Kinder nach einem schlechten Traum trösten wollen, sagen sie oft: „Hab keine Angst, ich bin‘s. Ich bin doch da!“ Das ist es, was Gott uns mit seinem Namen sagen möchte …

Eine der stärksten Bibelstellen zur Kraft des Namens Gottes findet sich im Römerbrief: „Jeder, der den Namen des Herrn anruft, wird gerettet werden.“
Röm 10,13

117 *Wovor schützt uns das zweite Gebot?*

**Das zweite Gebot
schützt uns vor Respektlosigkeit
gegenüber Gott.**

Gott nicht ernst nehmen heißt:
seinen Namen sagen,
als würde er es nicht hören,
eine Kirche betreten,
als wäre er nicht da,
verletzend und lieblos von Gott reden,
als wäre er taub,
über Menschen und ihre Gebete lachen,
als ob es Gott nicht gäbe.

Eine der zentralen Stellen im Alten Testament ist die Offenbarung Gottes im brennenden Dornbusch (Ex 3). Der Mensch wird mit dem unfassbar Heiligen konfrontiert. In Ex 3,5 heißt es: „Der HERR sprach: Komm nicht näher heran! Leg deine Schuhe ab; denn der Ort, wo du stehst, ist heiliger Boden."

Ehrfurcht bezeichnet Ergriffenheit, Respekt, Hochachtung, Berührtwerden vor dem Geheimnis göttlicher Gegenwart. Die Kniebeuge ist ein solches Zeichen der Ehrfurcht, die Körpersprache der Demut vor der Größe und Gegenwart Gottes.

Die Furcht des HERRN ist der Anfang der Weisheit. Gute Einsicht ist sie allen, die danach handeln.
Ps 111,10

118 *Was bedeutet „Du sollst den Tag des Herrn heiligen“?*

Drittes Gebot

„Du sollst den Tag des Herrn heiligen.“

**Die dritte Spielregel bedeutet:
Der „Tag des Herrn“
ist für uns Christen der Sonntag.
An diesem Tag feiern wir
die Auferstehung von Jesus.
Dieser Tag soll anders sein
als alle anderen Tage in der Woche.**

Auch wenn Menschen immer mehr
unter Druck gesetzt werden:
Der Sonntag ist nicht die Zeit
für berufliche Sachen,
Alltagskram und Geschäfte,
normalerweise auch nicht
für Hausaufgaben
oder gar Nachhilfeunterricht.
Am Sonntag sollen wir uns ausruhen,
miteinander essen und spielen,
uns Zeit für die Familie nehmen.
Einen wichtigen Termin
gibt es allerdings am Sonntag:
die heilige Messe –
Zeit für Gott.

Die alte biblische Begründung für den Ruhetag findet sich im Buch Exodus; dort heißt es: „Der siebte Tag ist ein Ruhetag, dem Herrn, deinem Gott, geweiht. An ihm darfst du keine Arbeit tun: du, dein Sohn und deine Tochter, dein Sklave und deine Sklavin, dein Vieh und der Fremde, der in deinen Stadtbereichen Wohnrecht hat“ (Ex 20,10). Spannend: Auch den Kindern, den Sklaven und den Fremden, ja sogar den Tieren wird der göttliche Break gegönnt!

119 *Wo kommt der Sonntag her?*

Einen Tag in der Woche
Pause machen und feiern –
das ist eine Erfindung Gottes für uns.
Für die Juden ist es der Samstag.
Für die Christen ist es der Sonntag.

Gott hat seinem Volk Israel
schon bei der Schöpfung
einen Tag der Ruhe geschenkt.
Er heißt Sabbat.
Die Christen haben diesen Ruhetag übernommen.
Sie verlegten ihn aber
vom Samstag auf den Sonntag.
Denn das ist der Tag, an dem Jesus
von den Toten auferstanden ist.

Schon für die ersten Christen war die **Zusammenkunft am Sonntag** das zentrale Ereignis. Bei dem

Kirchenvater **Justin, dem Märtyrer** (100–165) finden wir ein Zeugnis dessen, was da geschah: „An dem nach der Sonne benannten Tag findet die Zusammenkunft von allen … an einem gemeinsamen Ort statt. Es werden die Aufzeichnungen der Apostel und die Schriften der Propheten gelesen, soweit es die Zeit erlaubt … Dann wird dem Vorsteher … Brot gebracht und ein Becher mit einer Mischung von Wasser und Wein. Dieser nimmt es, sendet durch den Namen des Sohnes und des Heiligen Geistes Lob und Preis zum Vater aller Dinge empor und verrichtet eine lange Danksagung (gr. „eucharistia") dafür, dass wir dieser Gaben von ihm gewürdigt wurden."

120 *Wovor schützt uns das dritte Gebot?*

**Es schützt uns vor zwei großen Gefahren:
Gott zu vergessen
und zu „Arbeitstieren" zu werden,
die sich kaputt arbeiten.**

In einigen nichtchristlichen Ländern
haben die Menschen
nur ganz wenige Feiertage.
Sie müssen fast jeden Tag hart arbeiten.
Der Sonntag wird auch bei uns verschwinden,
wenn wir Christen ihn nicht wirklich feiern.
Gott hat den Menschen
nicht wie einen Roboter gemacht,
der arbeitet, bis er umfällt.
Deswegen hast du sonntags
keine Schule. Ist das nicht genial?

Was im alten Israel am Sabbat alles verboten war
Säen, pflügen, ernten, Garben binden, dreschen, aussortieren, auswählen, mahlen, sieben, kneten, backen; Wolle scheren, reinigen, kämmen, färben, spinnen, Fäden dehnen/spannen, Schleifen machen, Fäden weben, Fäden trennen, Knoten knüpfen, Knoten lösen, nähen, reißen; fangen, schlachten, häuten, pökeln, gerben, schaben, schneiden, schreiben, löschen, bauen, einreißen, Feuer löschen, Feuer entzünden, hämmern, etwas aus einem Gebiet in ein anderes tragen.

Ausnahmen
Das Gebot der Sonntagsruhe gilt nicht für die Berufe, die notwendig sind, um das Gemeinwohl zu erhalten, z. B. Ärzte, Pfleger, Polizisten.

121 *Wie feiert ein Christ den Sonntag?*

**Der Sonntag ist ein Fest mit Gott.
Wie schon die ersten Christen
treffen sich die Freunde von Jesus
am „Tag des Herrn".
Sie gehen in die Kirche und feiern
miteinander die heilige Messe.
Dort begegnen sie Jesus, ihrem Herrn.**

Der Sonntag ist aber auch der Tag,
an dem man sich zur Ehre Gottes schön anzieht
und etwas ganz Besonderes kocht.
Du darfst tun, was dich oder andere froh macht
und „keine Arbeit" ist.
Eltern und Kinder sollen sich
Zeit füreinander nehmen.

So wichtig ist der Sonntag

Im Jahr 304 wurden in Abitene eines Sonntags 49 Christen dabei überrascht, wie sie Eucharistie feierten. Der grausame Kaiser Diokletian hatte das bei Todesstrafe verboten. Die 49 wurden festgenommen, nach Karthago gebracht und dort verhört. Obwohl sie wussten, dass es sie das Leben kosten würde, sagten sie dem Richter ins Gesicht: „Ohne den Sonntag können wir nicht leben."

Sonntagskultur

Kinder wünschen sich nichts sehnlicher, als dass ihre Eltern sich am Sonntag richtig viel Zeit für sie nehmen. Im Sonntagsgebot hat diese menschliche Sehnsucht ein tiefes religiöses Fundament. Sich Zeit füreinander nehmen und einander gut sein – das ist Sonntag, und das spiegelt Gottes Art wider.

Seid lebendiger Ausdruck der Güte Gottes: Güte in eurem Gesicht, Güte in euren Augen, Güte in eurem Lächeln.

Hl. Mutter Teresa

WAS MAN AM SONNTAG so alles machen kann

Die heilige Messe mitfeiern
Wandern gehen
Ball spielen
Mit anderen Kindern spielen
Großeltern besuchen
Miteinander kochen
Eine Geschichte vorlesen
Eine Kerze anzünden und
Stillezeit machen
Schwimmen gehen
Malen
Musizieren
Kranke besuchen
Mit Tieren spielen
Blumenstrauß für die Wohnung pflücken
Boot fahren
Telefonieren
Natur beobachten
Eine Wallfahrt machen
Bilder und Filme anschauen
Träumen
Pläne machen
Sterne beobachten …

Mach mit deinen Freunden selber eine Liste!

122 *Was bedeutet „Du sollst Vater und Mutter ehren"?*

Viertes Gebot

„Du sollst Vater und Mutter ehren."

**Die vierte Spielregel bedeutet:
Jeder Mensch verdankt
seinem Vater und seiner Mutter sein Leben.
Gott will, dass wir unsere Eltern
lieben, achten und ehren
und ihnen für das Gute danken,
was sie uns getan haben.**

Liebevolle Eltern haben
ist ein großes Glück.
Du kannst von ihnen so viel
Gutes und Wichtiges lernen.
Und wenn du Mama und Papa
einmal nicht verstehst, kannst du ihnen
trotzdem dafür danken, dass es dich gibt.
Versuche, ihnen ihre Schwächen
und Fehler zu verzeihen.

Wenn sie alt sind, sollst du sie
nicht alleine lassen, sondern mit ihnen
liebevoll und geduldig sein.

Gott wird die Eltern und Großeltern
eines Tages aber auch fragen,
ob sie ihre Kinder geehrt haben.

Das Elterngebot wurde früher häufig dazu benutzt, um Kinder zu bedingungslosem Gehorsam zu erziehen und sie möglichst lange wie unmündige Menschen zu behandeln. Aber so denkt die Bibel nicht. Dem vierten Gebot geht das erste Gebot voraus. Der Rabbiner **Marc Stern** (1956–2005) sagt dazu: „Wenn Gott nach dem ersten Gebot unser einziger Herr ist, hat kein Mensch das Recht, Herr über einen anderen Menschen zu sein, weder der Vater

über die Mutter und die Kinder noch der ältere Mensch über den jüngeren."

Hör auf deinen Vater, der dich gezeugt hat, verachte deine Mutter nicht, wenn sie alt wird!
Spr 23,22

Die Familie ist die Wiege der Menschlichkeit.
Theodor Heuss (1884–1963), ehem. dt. Bundespräsident

123 *Wovor schützt uns das vierte Gebot?*

Das vierte Gebot schützt die Familie davor auseinanderzubrechen.

Das vierte Gebot
will uns davor bewahren,
dass wir einander im Stich lassen
oder sogar aufgeben.
Es will uns helfen, uns gegenseitig
zu unterstützen und stark zu machen.

Wenn eine Familie
in → Gottes guter Ordnung lebt,
ist es warm und schön dort.
Das gibt Sicherheit und Kraft
zu lieben, für das ganze Leben.

» Wir mussten in unserer Familie doch sehr sparsam und einfach leben, wofür ich sehr dankbar bin. Denn gerade dadurch entstehen Freuden, die man im Reichtum nicht haben kann. Ich denke oft zurück, wie schön es war, wie wir uns über die kleinsten Dinge freuen konnten und wie man füreinander auch etwas zu tun versucht hat.

Papst Benedikt XVI.

→ Dazu gehören Werte wie Achtsamkeit, Wärme, verlässliche Beziehungen, aber auch das Gebet am Morgen und zur Nacht. Mit Gott kommt ruhige Sicherheit und Freude ins Leben, was Kindern und Erwachsenen gleichermaßen guttut.

i Die Bedeutung des englischen Wortes **Family:**

VATER	**FATHER**
UND	**AND**
MUTTER	**MOTHER**
ICH	**I**
LIEBE	**LOVE**
EUCH	**YOU**

124 Was bedeutet „Du sollst nicht → morden“?

FÜNFTES GEBOT

„Du sollst nicht morden.“

Die fünfte Spielregel bedeutet:
Kein Mensch darf sich
oder einem anderen Menschen
das Leben und die Lebenschancen nehmen.
Jeder Mensch ist unendlich kostbar;
ich darf keinen hassen,
mit ihm lieblos umgehen
oder unendlich nachtragend sein.

Das Leben ist heilig.
Von allem Anfang an
gehört es Gott allein.
Auch das Ende des Lebens liegt in Gottes Hand.
Gott ist der Herr über Leben und Tod.
Einem Menschen bewusst
das Leben zu nehmen, ist Mord.
Mord ist eine schlimme Sünde.

→ Töten/Morden
Das fünfte Gebot wird häufig auch mit „töten“ aus dem Hebräischen übersetzt. Das Originalwort *ratsah* sollte aber richtigerweise mit „morden“ übersetzt werden, denn es geht nicht um Töten (etwa von Tieren beim Schlachten), sondern um verbrecherische Tötungshandlungen.

„Steck dein Schwert in die Scheide; denn alle, die zum Schwert greifen, werden durch das Schwert umkommen“, sagt Jesus zu Petrus in **Mt 26,52.** Petrus wollte sich gegen die Gefangennahme Jesu mit dem Schwert wehren.

125 *Wovor schützt das fünfte Gebot?*

**Das fünfte Gebot
schützt das Leben
jedes Menschen.**

Menschen dürfen nicht Opfer
von Mord, Terror und Gewalt werden.
Gott ist auch gegen Folter,
Misshandlungen und → gegen den Krieg.
Niemand darf einen Menschen
in der Seele verletzen und vernichten.
Die Kirche setzt sich auch für die
Abschaffung der Todesstrafe ein.

Gott will, dass jedes Kind zur Welt kommen darf,
auch dann, wenn es eine Behinderung hat.
Er will auch nicht, dass leidende
oder kurz vor dem Tod stehende Menschen
getötet werden (Euthanasie), auch dann nicht,
wenn ein Mensch es sich wünscht, weil er leidet.

Auch wer Notleidenden Hilfe verweigert,
sündigt gegen das fünfte Gebot.
Und auch der verletzt einen anderen Menschen
und sündigt schwer, der ihm Böses nachsagt,
ihn mobbt oder im Internet fertigmacht.
Wer jedoch in Notwehr einen Menschen tötet,
macht sich nicht schuldig. Auch Soldaten oder Polizisten,
die Menschen gegen Angreifer oder Terroristen verteidigen,
begehen keine Sünde.

Man darf auch keine Tiere quälen.

→ 

„Krieg ist immer eine Niederlage der Menschheit.
Hl. Papst Johannes Paul II.

„Jeder dumme Junge kann einen Käfer zertreten. Aber alle Professoren der Welt können keinen herstellen.
Arthur Schopenhauer (1788–1860), dt. Philosoph

„Quäle nie ein Tier zum Scherz, denn es fühlt wie du den Schmerz.
Deutsches Sprichwort

126 *Was bedeutet „Du sollst nicht ehebrechen“?*

Sechstes Gebot

„Du sollst nicht ehebrechen.“

Die sechste Spielregel bedeutet:
Wer verheiratet ist,
soll sein Heiratsversprechen halten.

Wenn Mann und Frau sich vor Gott
das Heiratsversprechen geben, verschenken sie sich:
Der Mann schenkt sich der Frau,
und die Frau schenkt sich dem Mann.
Und Gott schenkt sich beiden.
Ein Geschenk aber fordert man nie zurück.
Die → Ehe brechen heißt: etwas zurücknehmen,
was man schon verschenkt hat.
Den Ehepartner verlassen,
weil man jemand anderen haben möchte,
ist eine Sünde: Gott möchte,
dass wir einander treu bleiben.
Das Treusein kann man
in guten Freundschaften einüben.

→ Ehebruch
ist objektiv eine schwere Sünde. Es gibt aber tragische Zusammenhänge, über die zu urteilen niemandem zusteht. Jesus sagt: „Richtet nicht, damit ihr nicht gerichtet werdet“ (Mt 7,1). Jesus selbst nimmt die Ehebrecherin in Schutz: „Wer von euch ohne Sünde ist, werfe als Erster einen Stein auf sie“ (Joh 8,7). Er sagt aber auch: „Auch ich verurteile dich nicht. Geh und sündige von jetzt an nicht mehr“ (Joh 8,11).

i Das Wesen der Ehe
Die Ehe ist mehr ein Bund als ein Vertrag. Bei einem Vertrag machen zwei Parteien ab, was sie voneinander erwarten dürfen. Wenn die Leistung nicht mehr erbracht wird, ist der Vertrag kündbar. Der Bund zwischen zwei Menschen beruht auf Liebe; man geht ihn ein ohne Kündigungsrecht, ohne Bedingungen und ohne Gegenleistung, dafür aber mit Gott.

127 *Wovor schützt das sechste Gebot?*

Mit dem sechsten Gebot
schützt Gott das Größte und Schönste
zwischen Mann und Frau,
nämlich die Liebe.

Wenn wir älter sind und uns in einen Menschen verlieben,
fühlen wir uns körperlich zueinander hingezogen.
Wir wollen einander ganz nahe sein, sogar eins werden.

Sex ist ein wunderbares Geschenk.
Aber dieses Geschenk verliert an Wert
und Schönheit, wenn es nicht geschützt wird.

Kostbare Dinge brauchen einen Schutz.
Wie man ein wertvolles Geschenk sorgfältig verpackt,
damit es nicht zerbricht, so brauchen auch
unsere Herzen Schutz. Dieser Schutz ist die Ehe.
In der Ehe ist tiefe Geborgenheit und Sicherheit da:
„Wir zwei gehören zusammen – bis der Tod uns scheidet!"

In dieser Vertrautheit
können sich Mann und Frau
ganz fallen lassen und sich
auch körperlich einander schenken.
Die Körper sagen dasselbe,
was die Worte sagen:
Ich liebe dich!
Das verbindet tief und für immer.

Das Schamgefühl ist eine wertvolle menschliche Schutzfunktion. Gerade Kinder haben ein Recht auf Intimität und darauf, nicht zu früh mit Dingen belastet zu werden, die sie (noch) überfordern. Schamschwellen in der Sexualerziehung künstlich zu durchbrechen (etwa, um Kinder gegen Missbrauch zu wappnen), verunsichert Kinder oft mehr, als es ihnen hilft.

Kinder und sexuelle Erfahrungen
In vielen Medien werden Kinder geradezu eingeladen, sehr früh „sexuelle Erfahrungen" zu machen. Die Liebe bleibt dabei oft auf der Strecke. Denn: Sex ohne Liebe ist immer falsch. Es kann tiefe Wunden verursachen und die Bindungsfähigkeit auf Dauer zerstören.

Pornografie und Suchtgefahr
Eine Fülle von Untersuchungen belegen: Pornografie wird immer früher konsumiert und ist bereits heute ein zentrales Suchtproblem, schon bei jungen Jugendlichen. Eltern müssen gut darüber nachdenken, ab wann sie ihren Kindern ein internetfähiges Handy zugestehen. Tabea Freitag (return – Fachstelle Mediensucht Hannover): „Jedes Jahr, in dem Kinder noch keins haben, ist ein Gewinn."

128 *Was bedeutet „Du sollst nicht stehlen“?*

SIEBTES GEBOT

„Du sollst nicht stehlen.“

Die siebte Spielregel bedeutet:
Wenn du etwas wegnimmst,
was dir nicht gehört,
dann stiehlst du;
du bist ein Dieb.

Die siebte Spielregel
spricht von Dingen,
die dir, anderen Menschen
oder allen Menschen gehören.

Gott hat uns so geschaffen,
dass es uns guttut, etwas zu besitzen.
Auch darfst du ein paar Sachen ganz für dich haben.
Sie ermöglichen dir ein besseres Leben,
geben dir Sicherheit und machen dir Freude.
Du sollst sie pflegen und gut auf sie aufpassen.
Mit diesen Sachen kann man
anderen Leuten Freude machen;
man kann sie mit anderen teilen
oder sie ihnen borgen.

Viele Dinge sind aber nicht dazu da,
dass ein Mensch oder eine Gemeinschaft
sie ganz für sich allein haben kann.

Wir sollen das Gemeinsame schützen
und gerecht miteinander teilen:
Natur, Klima, Luft, Wasser,
Boden, Energie, Rohstoffe,
Nahrungsmittel, Verkehrswege.

Was allen gehört,
sollen wir so gut pflegen,
als würde es uns persönlich gehören.

129 *Wovor schützt das siebte Gebot?*

Durch das siebte Gebot schützt Gott das Eigentum von Menschen. Er will nicht, dass die Welt in die Hände von Dieben und Räubern fällt. Wo es das siebte Gebot nicht gibt, nimmt sich der Stärkere alles, was er bekommen kann.

- Nimm auch kleine Dinge nicht weg, die einem anderen gehören.
- Geh mit geliehenen Sachen gut um und gib sie ohne Aufforderung zurück.
- Wenn du Sachen kaputt gemacht hast, repariere oder ersetze sie.
- Benutze nichts ungefragt, was dir nicht gehört.
- Behalte Gefundenes nicht einfach; bring es den Eltern oder ins Schulsekretariat.

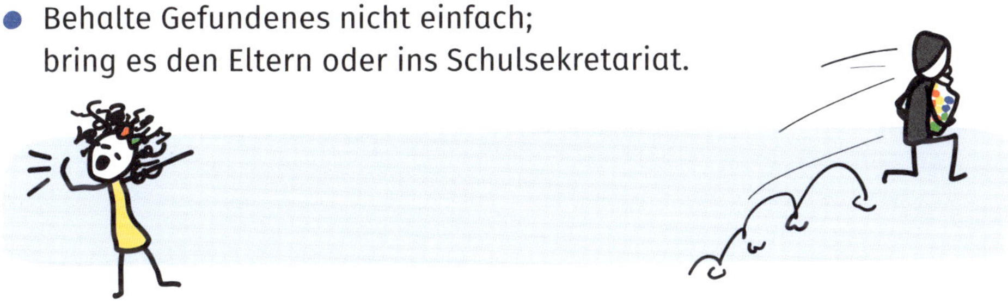

- Verschwende keine Energie.
- Geh mit Dingen, die allen gehören (z. B. Sitze in einem Bus oder ein Schulcomputer) gut um.
- Kopiere nicht illegal Musik, Filme oder Computerspiele.

Eigentum

Schon der Philosoph **Aristoteles** (384 v. Chr. – 322 v. Chr.) hat zum Thema Eigentum etwas gesagt, was auch für Kinder wichtig ist: „Wo kein Eigentum da ist, da ist auch keine Freude zum Geben; da kann niemand das Vergnügen haben, seinen Freunden, dem Wanderer, dem Leidenden in ihrem Mangel zu helfen.“ Die Kirche hat das Recht des Menschen auf Eigentum immer betont, gleichzeitig aber auch die soziale Verpflichtung des Eigentümers herausgestellt: Wer viel hat, soll auch viel und gerne geben.

Geben macht nicht arm. Stehlen macht nicht reich. Und Reichtum macht nicht klug.
Aus England

130 *Was bedeutet „Du sollst nicht lügen“?*

Achtes Gebot

„Du sollst nicht lügen.“

**Die achte Spielregel bedeutet:
Du sollst nichts sagen,
was nicht stimmt.
Gott ist die Wahrheit.
Er betrügt uns nicht und will,
dass wir ehrlich
miteinander umgehen.**

Lügen beginnt häufig klein –
mit einer faulen Ausrede
oder einer kleinen Täuschung –
und endet oft in einem großen Chaos.

Wenn du lügst,
kann man dir nicht mehr trauen.
Lüge ist ein Gift,
das jede Freundschaft zerstört.

Wenn du die Wahrheit sagst, brauchst du dir deine Lügen nicht zu merken.
Warren Buffett (*1930), amerikanischer Großinvestor

Ein Pfarrer in der Predigt: „Nächste Woche möchte ich über die Sünde der Lüge predigen. Dass ihr die Predigt besser versteht, bitte ich euch alle, bis dahin einmal das 17. Kapitel beim Evangelisten Markus zu lesen.“ Am folgenden Sonntag fragt der Pfarrer: „Wer hat Markus 17 gelesen?“ Alle Hände gehen nach oben. Der Pfarrer lächelt: „So, so! Markus hat nur 16 Kapitel. Ich werde jetzt mit meiner Predigt über die Lüge beginnen.“

131 *Wovor schützt das achte Gebot?*

**Das achte Gebot schützt uns davor,
belogen oder betrogen zu werden.
Es schützt uns auch davor,
falsche, unehrliche Menschen zu werden,
mit denen niemand etwas
zu tun haben möchte.**

Ein ehrlicher Mensch übertreibt nicht.
Er macht sich nicht wichtiger, als er ist.
Er verurteilt den Nächsten nicht
und setzt andere nicht herab. Er lästert nicht.
Er verbreitet keine Unwahrheiten über andere.
Wer Gottes Gebot folgt,
bekommt immer mehr Mut,
die → Wahrheit zu sagen,
auch wenn es für ihn schwer ist.

Man sollte die Wahrheit dem anderen wie einen Mantel hinhalten, dass er hineinschlüpfen kann – nicht wie ein nasses Tuch um den Kopf schlagen.

Max Frisch (1911–1991), schweiz. Schriftsteller und Architekt

→ Wahrheit
Jesus hat gesagt: „Ich bin dazu geboren und dazu in die Welt gekommen, dass ich für die Wahrheit Zeugnis gebe. Jeder, der aus der Wahrheit ist, hört auf meine Stimme" (Joh 18,37). Christen, die sich nach Christus benennen, müssen es mit der Wahrheit genau nehmen. „Fake News" und „alternative Fakten" sind nichts anderes als Lügen. Sie zerstören das Vertrauen unter den Menschen, machen Kommunikation sinnlos und öffnen der Willkür Tür und Tor. „Political Correctness" ist dann eine Form von Lüge, wenn sie der Unterdrückung unbequemer Wahrheiten dient.

132 *Was sind Notlügen?*

Notlügen sind Lügen.
In den meisten Fällen sind „Notlügen“
billige Entschuldigungen und Ausreden,
weil ich mich nicht traue, die Wahrheit zu sagen.

Oft lügt man, weil man sich schämt,
oder weil man Angst hat, ausgelacht zu werden,
eine Strafe zu bekommen,
nicht mehr so beliebt zu sein
oder einfach aus Bequemlichkeit ...
Aber aus solchen Gründen
darf man nicht lügen.

Dennoch darf man in ganz, ganz seltenen Fällen
aus Liebe oder Not
die Wahrheit verschweigen.
So wird eine Mutter,
die ihr Kind vor Angreifern versteckt hat,
diesen niemals die Wahrheit sagen
und das Versteck verraten.

„O, Gott, wie herrlich: Ein einziger Mensch oder zwei, die die Wahrheit sagen, können mehr bewirken als viele andere zusammen! Durch sie entdecken die Blinden nach und nach wieder den Weg, und Gott gibt ihnen daran Freude und macht ihnen Mut.

Hl. Teresa von Ávila

Neuntes Gebot

und

Zehntes Gebot

133 *Was bedeutet „Du sollst nicht begehren deines Nächsten Frau" und „Du sollst nicht begehren deines Nächsten Hab und Gut"?*

„Du sollst nicht begehren deines Nächsten Frau! Du sollst nicht begehren deines Nächsten Hab und Gut!"

Die neunte und zehnte Spielregel sagen:
Sei zufrieden mit dem, was du hast!
Gott zeigt uns, wie wir mit starken Wünschen, dem Habenwollen, dem Neid und der Gier, umgehen sollen.

Menschen haben starke Wünsche.
Gott hat uns so gemacht,
und das ist gut so.

Aber oft richten sich
unsere Wünsche auf etwas,
was wir nicht haben können,
weil es einem anderen oder allen gehört.
Neid und Gier fressen unser Herz auf
und verführen uns zu bösen Taten.
So geht es zum Beispiel ...

- ... dem Mann, der unbedingt die Frau eines anderen Mannes haben *muss* ...

- ... dem Machthaber, der unbedingt das Nachbarland haben *muss* ...

- ... dem Mädchen, das unbedingt die coolen Stifte der Freundin haben *muss* ...

- ... dem Jungen, der unbedingt das Handy seines Nachbarn haben *muss* ...

134 *Wovor schützen uns das neunte und zehnte Gebot?*

Mit dem neunten und zehnten Gebot möchte uns Gott vor der Maßlosigkeit unserer Wünsche schützen.

Gott hat uns so gemacht,
dass wir glücklich sein können,
auch wenn wir nicht alles bekommen,
was wir haben wollen.

Herr, deine Güte reicht, so weit der Himmel ist, deine Treue bis zu den Wolken.
Deine Gerechtigkeit steht wie die Berge Gottes, deine Urteile sind tief wie die Urflut.
Du rettest Menschen und Tiere, Herr. Wie köstlich ist deine Liebe, Gott!
Menschen bergen sich im Schatten deiner Flügel. Sie laben sich am Reichtum deines Hauses;
du tränkst sie mit dem Strom deiner Wonnen. Denn bei dir ist die Quelle des Lebens,
in deinem Licht schauen wir das Licht.
Ps 36,6–10

135 *Wozu gibt es die fünf Kirchengebote und wie lauten sie?*

Die Kirchengebote gibt es, damit die Christen Gott und die Gemeinschaft im Alltag nicht vergessen. Die Kirche sagt: „Hier sind fünf wichtige Tipps, wie du in Kontakt mit Gott bleiben kannst.“

- Du sollst an den Sonntagen und kirchlichen → Feiertagen die heilige Messe mitfeiern.

- Du sollst mindestens einmal im Jahr beichten gehen.

- Du sollst mindestens in der Osterzeit einmal die Heilige Kommunion empfangen.

- Du sollst die gemeinsamen → Fasten- und Abstinenztage der Kirche beachten.

- Du sollst der Kirche und den Armen helfen.

→ Zum Beispiel Fronleichnam oder Christi Himmelfahrt. Siehe **Kirchenjahr S. 160–161**

→ Gemeint sind alle Freitage (Fastentage) und Aschermittwoch und Karfreitag (Fasten-und Abstinenztage). Siehe **Kirchenjahr S. 160–161**

Fühlen und Leben mit der Kirche

Der heilige **Ignatius von Loyola** (1491–1556) lebte in einer Zeit, in der die Kirche in einer schrecklichen Verfassung war. Luther und andere Reformatoren distanzierten sich von ihr. Nicht so der hl. Ignatius. Ein großer Beitrag zur Erneuerung der Kirche war sein Exerzitienbuch, das er mit 18 Regeln zum *sentire cum ecclesia* (Fühlen mit der Kirche) abschloss.

Seine Botschaft: Man muss die Kirche – so sehr sie durch mich und andere entstellt wird – lieben, muss mit dem Herzen dabei sein! Denn Jesus hat die Gemeinschaft mit uns Sündern gesucht, und er hat Petrus auch nach seinem Verrat vertraut. „Die erste Frucht der Taufe ist“, so sagt Papst Franziskus, „dass du zur Kirche gehörst, zum Volk Gottes.“ Und an anderer Stelle sagt er: „Die Kirche ist kein Kulturverein, sondern die Familie Jesu!“ Eine Art passive Mitgliedschaft in der Kirche ist so unsinnig wie eine passive Mitgliedschaft in einer Familie.

136 *Was sagt Jesus über das Glück?*

Jesus will, dass alle Menschen glücklich sind.
Auch wenn du nicht gesund, berühmt,
schön, reich, stark oder genial bist,
Jesus wird dich glücklich machen.
Er hat Glücksversprechen gemacht,
die auf den ersten Blick total verrückt sind.
Sie heißen „Seligpreisungen“.

Die Seligpreisungen klingen, als wäre es das Größte,
arm, traurig und benachteiligt zu sein.
Tatsächlich hat Jesus eine Garantie gegeben:
Du kannst so unbedeutend, so arm,
so schwach, so traurig, so am Boden sein:
ICH werde dein Glück sein!
Hier und im Himmel!

„Lass nie zu, dass du jemandem begegnest, der nach der Begegnung mit dir nicht glücklicher von dir geht, als er gekommen ist.“

Hl. Mutter Teresa

Einem König wurde einmal das Urteil eines Richters vorgelegt. Der König sollte dieses Urteil unterschreiben. Das Urteil des Richters lautete: „Gnade unmöglich, im Gefängnis lassen!“ Der König war ein gerechter und guter Mann. Ihm erschien das Urteil zu hart. So änderte er es um: „Gnade, unmöglich im Gefängnis lassen!“ Durch eine Kommaverschiebung kam der Mann frei.
Herkunft unbekannt

Die Seligpreisungen

Selig, die arm sind vor Gott;
denn ihnen gehört das Himmelreich.
Selig die Trauernden;
denn sie werden getröstet werden.
Selig die Sanftmütigen;
denn sie werden das Land erben.
Selig, die hungern und dürsten nach
der Gerechtigkeit;
denn sie werden gesättigt werden.
Selig die Barmherzigen, denn sie
werden Erbarmen finden.
Selig, die rein sind im Herzen,
denn sie werden Gott schauen.
Selig, die Frieden stiften,
denn sie werden Kinder Gottes
genannt werden.
Selig, die verfolgt werden
um der Gerechtigkeit willen,
denn ihnen gehört das Himmelreich.
Selig, seid ihr, wenn man euch schmäht
und verfolgt und alles Böse über euch redet
um meinetwillen. Freut euch und jubelt:
Denn euer Lohn wird groß sein im Himmel.
Mt 5,3–12

137 *Können auch wir etwas tun, damit Menschen glücklich sind?*

**Ja. Wir können Arme beschenken,
Ungerechtigkeiten bekämpfen,
Traurige trösten, Hungrige satt machen,
Lästige geduldig ertragen, Frieden stiften,
Kranke und Gefangene besuchen,
Leuten, die uns beleidigen, verzeihen,
Obdachlose und Flüchtlinge beherbergen.**

Du kannst dein Pausenbrot teilen.
Du kannst jemand verteidigen,
der in deiner Klasse ausgeschlossen wird.
Du kannst mit Flüchtlingskindern in deiner Klasse
geduldig und langsam Deutsch sprechen.
Du kannst jemand in den Arm nehmen, der weint.
Du kannst einem einsamen Menschen Zeit schenken.
Du kannst einem Obdachlosen
von deinen Gummibärchen anbieten.
Du kannst Weihnachtspäckchen machen
für gefangene und andere Leute,
die oft vergessen werden.

Teil IV

IN VERBINDUNG BLEIBEN

DAS GEBET

Gott hat immer Zeit

Gott ist immer erreichbar,
für alle Menschen in allen Ländern.
Wie wir direkt
mit ihm in Kontakt kommen
und mit ihm sprechen können.
Wie wir von Jesus beten lernen.
Wie Gott sich freut,
wenn wir glücklich sind.
Wie er uns hört,
wenn wir Angst haben.
Wie er uns tröstet,
wenn wir traurig sind.

Fragen 138–159

138 *Warum beten Menschen?*

**Weil es Gott gibt.
Menschen haben tief drinnen
eine Sehnsucht nach Gott.
Und Gott nach ihnen.
Deshalb beten Menschen
in allen Kulturen und Religionen der Erde.**

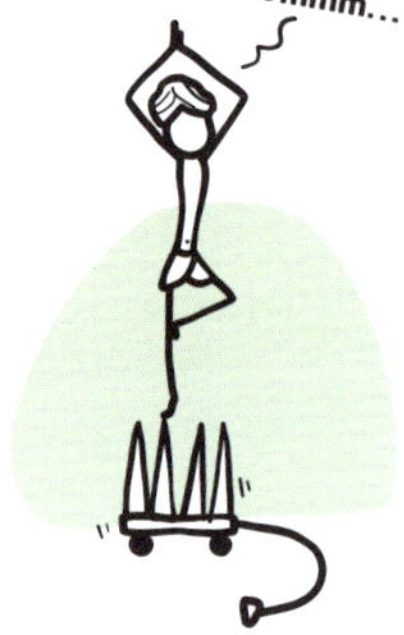

**Als Christen beten wir
zum himmlischen Vater
durch Christus, unsern Herrn.
Der Heilige Geist ist
der innere Lehrmeister
des christlichen Betens.**

Menschen leben in Gott
→ wie Fische im Wasser.
Immer ist er in uns
und um uns herum,
obwohl wir ihn nicht sehen.
Beten ist menschlich,
Hunde beten nicht.

→ **Die Fische im Meer:**
siehe Elternteil **Seite 13!**

„Gott lässt uns nie allein.“
Papst Benedikt XVI.

„Ich bete vor jedem Spiel in meinem Zimmer. Es hilft mir, wenn ich ein schlechtes Gefühl habe, einfach ein besseres von Gott zu bekommen.“

Wesley Sneijder (*1984), holl. Fußballnationalspieler

Rrrrring! Rrring!

i Wie ist die Telefonnummer Gottes? Ganz einfach, jeder kann sich diese Nummer merken: 333! Jer 33,3 kann man übersetzen mit: „Wer mich anruft, dem antworte ich.“ Man kann Gott also anrufen. Er ist 24 Stunden am Tag erreichbar!

139 *Was ist Beten?*

Beten heißt mit Gott reden.
Beten heißt mit dem Herzen bei Gott sein.
Beten heißt still werden.
Beten heißt hinhören auf Gott.
Beten heißt IHM danken,
Beten heißt IHN bitten, IHM alles sagen:
alle Sorgen, alle Ängste,
alles, was dein Gewissen bedrückt,
alles, was dich freut.
Beten heißt auch,
das Traurige akzeptieren
und Gott bitten, dass er auch
in das Schwere kommt.

Unser Vater im Himmel
ist ganz nahe an uns dran.
Er sieht auch dich, hört dich,
kennt dich wirklich.
Er interessiert sich mindestens
so sehr für dich wie eine gute Mutter.
Er hat Zeit für dich und schenkt dir
über Jahre hinweg Schöneres,
als du dir vorstellen kannst.

» Ich glaube, es gibt niemanden, der Gott so nötig hat wie ich. Ich fühle mich so nutzlos und schwach. Weil ich mich nicht auf mich selbst verlassen kann, verlasse ich mich auf ihn, 24 Stunden am Tag. Mein Geheimnis ist einfach: Ich bete. Ich liebe das Beten. Der Drang zu beten ist immer in mir. Das Gebet erweitert das Herz, bis es bereit ist, Gottes Geschenk seiner selbst zu empfangen. Wir wollen so gerne richtig beten, aber dann scheitern wir. Wenn du besser beten willst, bete mehr. Wenn wir fähig sein wollen zu lieben, müssen wir beten.

Hl. Mutter Teresa

» Wer aufhört zu beten, für den wird Gott zu einem Niemand.

Carlo Maria Kardinal Martini (1927–2012)

140 *Wie kann ich Gott hören?*

Du kannst Gott nicht hören
wie Menschen oder Geräusche um dich herum.
Gott spricht ganz leise mit dir,
weil er dich nicht erschrecken möchte.
Er spricht mit einer Geheimsprache, der Herzenssprache.
Stell dein Herz auf Empfang!

Manchmal hörst du seine Stimme in dir,
manchmal durch Worte der Bibel, manchmal durch „Zufälle".
Manchmal spricht er durch Menschen zu dir.

Gott sagt:

Manchmal sagt er das durch deine Mutter, wenn sie dich tröstet.

Gott sagt:

Manchmal sagt er das durch die Tränen von einem Kind, das geärgert wird.

Gott sagt:

Manchmal sagt er das, wenn die Sonne scheint und die Blumen blühen.

Gott sagt:

Manchmal sagt er das, wenn du deine liebste Musik hörst.

Gott sagt:

Manchmal sagt er das durch die Augen deines Vaters, der stolz auf dich ist.

Gott sagt:

Manchmal sagt er das durch ein Wort der Heiligen Schrift.

Gott sagt:

Manchmal sagt er das abends im Bett, wenn alles still ist.

141 *Wie kann ich mit Gott sprechen?*

**Wenn dein Herz bei Gott ist,
ist es egal, ob du
redest oder still bist.
Gott hört dich, wenn du
durch ein Gebet,
das du auswendig kennst,
zu ihm sprichst.
Und er hört dich,
wenn du ihm einfach
mit eigenen Worten sagst,
was du auf dem Herzen hast.**

Du kannst Gott loben und preisen,
weil er die Sterne gemacht hat
und auch die süßen Kätzchen. 
Und du darfst ihm deine geheimsten Wünsche sagen,
die du niemand sonst verraten würdest.

Das Gebet hat große Macht, das der Mensch verrichtet mit seiner ganzen Kraft.
Es macht ein bitteres Herz süß,
ein trauriges Herz froh,
ein armes Herz reich,
ein törichtes Herz weise,
ein zaghaftes Herz kühn,
ein schwaches Herz stark,
ein blindes Herz sehend,
eine kalte Seele brennend.

Es zieht den großen Gott
in ein kleines Herz,
es treibt die hungrige Seele
hinauf zum Gott der Fülle.
Hl. Mechthild von Hackeborn

Zwei Brüder, Mike und Julian, sprechen vor dem Zubettgehen ihre Gebete. Am nächsten Tag hat Mike Geburtstag, und er schreit ganz laut: „Gott, bitte bring mir ein neues Fahrrad und eine Eisenbahn und ein ferngesteuertes Auto." Julian dreht sich zu Mike um und sagt: „Warum schreist du so? Gott ist nicht schwerhörig!" „Nein", erwidert Mike, „aber Oma!"

142 *Was heißt Gott anbeten?*

Gott anbeten, heißt sagen:
Du allein bist der Heilige,
Du allein der Herr,
Du allein der Höchste.
Niemand sonst
darf angebetet werden,
auch nicht Maria und die Heiligen;
nur Gott darf man
wie Gott behandeln.

Für viele Menschen
ist das Gebet vor dem → Allerheiligsten
in der → Monstranz auf dem Altar
die schönste Form der Anbetung.

Gott ist jetzt nicht nur „irgendwie“ da.
Ich sehe ihn und bete ihn an:
Jesus Christus in Gestalt
des Brotes.

→ Das **Allerheiligste** ist das in der heiligen Messe in den Leib Christi gewandelte Brot. Im Brot des Himmels, das zur Anbetung dargeboten wird, sagt der HERR: Ich, dein Gott, bin wirklich anwesend und „gegenwärtig“ = ich warte dir gegenüber.

→ Das Wort **Monstranz** kommt von dem lateinischen Wort *monstrare* = zeigen. Die Monstranz ist ein kostbares, meist goldenes Zeigegerät für das Allerheiligste.

„Die Anbetung ist eine Umarmung mit Jesus, wo ich sage: „Ich bin dein, und ich bitte dich, sei auch du immer mit mir.“
Papst Benedikt XVI.

Gott begrüßen
Machen Sie es sich zur Angewohnheit, niemals eine Kirche nur wie ein Tourist zu betreten. Gerade für die Kinder ist es wichtig, dass Sie die Zeichen ernst nehmen, die Gottes besondere Anwesenheit im Kirchenraum bezeugen: die stille Ehrfurcht, das Weihwasser, die Kniebeuge, die Minute, in der Sie Gott im Gebet begrüßen … (**Kleiner Kirchenführer:** siehe Seite 90–91; **Kniebeuge:** siehe Seite 128)

143 *Hört Gott unsere Bitten?*

Gott überhört
keine einzige Bitte.
Oft erfüllt er unsere Wünsche.
Manchmal erfüllt er
unsere Wünsche auch nicht.
Manchmal erfüllt er sie nicht sofort.
Manchmal schenkt er uns etwas anderes,
das besser für uns ist,
was wir erst rückblickend erkennen.

Jesus selbst
hat in der Bergpredigt
den Menschen Mut gemacht,
Gott um alles Nötige zu bitten:
„Bittet und es wird euch gegeben;
sucht und ihr werdet finden;
klopft an und es wird euch geöffnet!
Oder ist einer unter euch,
der seinem Sohn einen Stein gibt,
wenn er um Brot bittet?" (Mt 7,7.9)

Eine wahre Geschichte
Jemand bittet Gott um die Heilung seiner todkranken Schwester. Sein Gebet wird nicht erhört, aber er erkennt bei sich selbst eine lebensbedrohliche Erkrankung und erfährt auf eine wunderbare Weise Heilung. Er erkennt die Wirklichkeit Gottes, ändert von einem auf den anderen Tag sein Leben und ist heute katholischer Diakon.

Haben wir keine Scheu, Gott selbst um die schwierigsten Dinge zu bitten (wie die Bekehrung großer Sünder oder ganzer Völker). Bitten wir ihn darum umso mehr, je schwieriger sie sind, im Vertrauen darauf,

dass Gott uns leidenschaftlich liebt und dass ein leidenschaftlich Liebender umso lieber gibt, je größer das Geschenk ist.
Sel. Charles de Foucauld

Hätte Gott all die dummen Gebete erhört, die ich in meinem Leben an ihn gerichtet habe, wo

wäre ich jetzt?
C. S. Lewis

144 *Muss ich auch beten, wenn ich keine Lust dazu habe?*

**Wer nur betet, wenn er Lust hat,
ist wie ein Freund,
der kein Freund ist
und nur dann kommt,
wenn es ihm passt
oder wenn er
etwas von dir will.**

Immer und überall ist Zeit
für ein kurzes Gebet.
Das ist wie eine geheime SMS an Gott:
Wenn du aufstehst, wenn du frühstückst,
wenn du auf der Straße läufst,
wenn du im Bus unterwegs bist,
wenn du in der Schule sitzt,
wenn du Fußball spielst,
wenn du schlafen gehst.

Eine wahre Geschichte
Ein Katholik aus einem dieser fernen Länder hat mir gesagt, dass sie nicht zusammen beten dürfen: Es ist verboten! Man kann nur einzeln und im Verborgenen beten. Wenn sie die Messe feiern wollen, organisieren sie eine Geburtstagsfeier, sie tun so, als feierten sie einen Geburtstag ... und wenn sie sehen, dass die Polizisten kommen, dann verstecken sie schnell alles und machen mit dem Fest weiter. Und wenn dann die Polizisten gehen, feiern sie die Messe zu Ende ... denn es ist verboten, zusammen zu beten.

Papst Franziskus

Das große Gebet des Volkes Israel: Höre, Israel! Der HERR, unser Gott, der HERR ist einzig. Darum sollst du den Herrn, deinen Gott, lieben mit ganzem Herzen, mit ganzer Seele und mit ganzer Kraft. Und diese Worte, auf die ich dich heute verpflichte, sollen auf deinem Herzen geschrieben stehen. Du sollst sie deinen Kindern wiederholen. Du sollst sie sprechen, wenn du zu Hause sitzt und wenn du auf der Straße gehst, wenn du dich schlafen legst und wenn du aufstehst.
Dtn 6,4–7

145 *Wie kann ich beten?*

Du kannst im Stehen beten,
im Sitzen, im Knien, im Liegen.
Du kannst die Arme ausbreiten
oder die Hände falten.
Du kannst beim Gehen
und durch Tanzen beten.

Probiere einfach einmal
allein für dich in deinem Zimmer
die verschiedenen Gebetshaltungen aus.
Fühle, was sie „sagen". Du wirst sehen:
Dein Körper betet schon,
bevor du Worte gefunden hast.
Manchmal zeigt dir sogar
die kuschelige Decke,
unter der du dich geborgen fühlst,
wie warm Gottes Liebe ist.

" Die Gläubigen knien nieder, stehen auf, setzen sich, verbeugen sich. Warum soll ich aufstehen? Muss ich dieses ewige Auf und Nieder mitmachen wie eine Marionette? Was für einen Sinn hat das? Das Knien zum Beispiel ist die Haltung dessen, der demütig ist. Die innersten Gefühle müssen mit dem äußeren Zeichen in Einklang stehen; sonst wäre das alles nur Theater.

Papst Johannes Paul I.

" Wenn du die Knie beugst, lass es kein hastiges, leeres Geschäft sein. Gib ihm eine Seele. Die Seele des Kniens aber ist, dass auch drinnen das Herz sich in Ehrfurcht vor Gott neige ...

Romano Guardini (1885–1968), dt. Priester

Ich kann im Stehen beten.

„Herr, hier stehe ich mit Ehrfurcht vor dir! Ich höre auf deine Wünsche. Sag mir, was ich tun soll!“

Ich kann im Sitzen beten.

„Herr, ich nehme mir Zeit für dich. Ich höre auf dich. Ich möchte dich verstehen.“

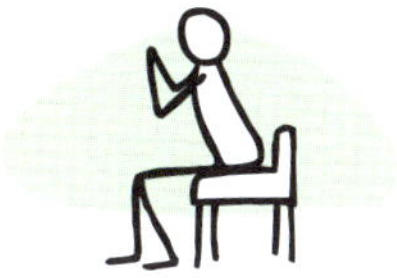

Ich kann im Knien beten.

„Gott, ich knie vor dir. Du bist groß und ich bin klein.“

Ich kann mich vor Gott niederwerfen.

„Herr, ich werfe mich vor dir nieder und bete dich an!“ Oder: „Herr, mit meinem Körper und meiner Seele bete ich dich an!“

Ich kann die Hände falten.

„Herr, jetzt bin ich ganz bei mir und ganz bei dir.“

Ich kann die Arme ausbreiten

„Herr, komm zu mir. Ich bin offen für dich.“

146 *Wie bete ich, wenn ich aufstehe?*

Ich sage Gott „Guten Morgen".
Ich danke ihm für die Nacht.
Ich denke an alles,
was der Tag mir bringen wird,
und bitte Gott um seinen Segen.

Halte zu mir, guter Gott,
heut den ganzen Tag.
Halt die Hände über mich,
was auch kommen mag.
Rolf Krenzer

Vorschläge für Gebete am Morgen:

Danke, Gott,
für diesen Morgen,
danke, dass du bei mir bist.
Danke für die guten Freunde
und dass du mich nie vergisst.
Danke für die Zeit zum Spielen,
für die Freude, die du schenkst,
und dass du an dunklen Tagen
ganz besonders
an mich denkst.
Amen.

Lieber Vater im Himmel,
wieder ein Tag, an dem ich allein bin mit meinem Kind. Sei du ihm Vater und hilf mir, heute das Richtige zu tun. Nimm mir die Sorgen und hilf mir, eine fröhliche und kluge Mutter zu sein.
Amen.

Die Bettkanten-Regel:
Die „Bettkante" ist ein wunderbarer Ort, um den Tag mit Gott zu beginnen und den Tag mit Gott zu beenden. Das ist genauso wichtig für Eltern wie für die Kinder. Nehmen Sie sich einfach vor, dass Sie keinen Morgen aus dem Bett gehen, ohne ein Morgengebet zu sprechen. Und nehmen Sie sich ebenso vor, dass Sie an jedem Abend wenigstens eine kleine Zeit auf der Bettkante sitzen bleiben, um mit Gott zu sprechen und in seinen Frieden einzutauchen.

Lieber Vater im Himmel, an diesem neuen Morgen komme ich zu dir. Danke, dass ich so gut geschlafen habe. Ich bin neugierig, welche Überraschungen du für mich vorbereitet hast. Sei in meinem Herzen, vom Morgen bis zum Abend! Verlass mich nicht. Amen.

Ein neuer Tag hat angefangen.
Ich bin gesund vom Schlaf erwacht
und danke dir für diesen Morgen
und dass du da warst diese Nacht.
Amen.

Wo ich gehe,
wo ich stehe,
bist du, lieber Gott,
bei mir.
Wenn ich dich
auch niemals sehe,
weiß ich dennoch,
du bist hier.
Amen.

Wie Jesus den Tag begann

Auch Jesus betete am Morgen. Der Evangelist Markus berichtet, wie eines Abends Menschen auf ihn eingestürmt waren; es heißt sogar: „Die ganze Stadt war vor der Haustür versammelt". Es muss also spät geworden sein. Aber dann lesen wir, wie Jesus den nächsten Morgen begann: „In aller Frühe, als es noch dunkel war, stand er auf und ging an einen einsamen Ort, um zu beten" (Mk 1,35).

147 *Wie kann man vor dem Essen beten?*

**Wir danken Gott für das Essen,
für die Menschen, die es zubereitet haben,
und für alle, die mit uns am Tisch sitzen.**

Vorschläge für Gebete zum Essen:

Gebet und Familienkultur:
Viele Eltern haben entdeckt, wie wichtig Rituale sind: das Gebet zu Tagesbeginn, das tägliche Tischgebet, die stille Zeit am Abend und das Nachtgebet. Gefragt ist nicht das Extravagante, gefragt sind bewährte gute Worte und das, was von Herzen kommt und zum Herzen des Kindes geht. Hüten muss man sich bloß vor geistlosen Gewohnheiten. Kinder fühlen sich geborgen in einer Welt, in der Gott eine Rolle spielt. Sie lernen zu danken, das Schöne am Leben zu sehen und das Schwere mit Gottes Hilfe zu ertragen. So wachsen Kinder vertrauensvoll in eine Welt, die niemals aus den Händen Gottes fällt.

Für mich ist das Gebet ein Aufschwung des Herzens, ein schlichter Blick zum Himmel, ein Ausruf der Dankbarkeit und Liebe inmitten der Prüfung und inmitten der Freude.

Hl. Therese von Lisieux

Stoßgebete sind fast so etwas wie SMS-Nachrichten für GOTT, eine wertvolle Gewohnheit im Alltag, die unsere Verbindung mit Gott pflegt. Stoßgebete sind wie ein kleiner „Schubs" für die Seele, damit sie Gott nicht vergisst.
Schwester Michaela Voss

Wäre das Wort „Danke" das einzige Gebet, das du je sprichst, so würde es genügen.
Meister Eckhart (1260–1328), Theologe und Philosoph

148 *Wie kann ich am Abend beten?*

Ich denke an den vergangenen Tag.
Ich danke Gott für alles, was er mir geschenkt hat.
Ich bitte ihn um Verzeihung, wo ich gesündigt habe.
Ich bitte Gott um seinen Segen und sage ihm „Gute Nacht".

Am besten ist es, wenn du in eigenen Worten mit Gott sprichst. Wenn du zu müde bist, kannst du auch eines der folgenden Gebete sprechen:

Müde bin ich, geh zur Ruh,
schließe meine Augen zu.
Vater lass die Augen dein,
über meinem Bett nun sein.

Alle, die mir sind verwandt,
Gott lass ruh'n in deiner Hand.
Alle Menschen, groß und klein,
sollen dir befohlen sein.
Amen.
Luise Hensel

Die Eltern mein empfehl' ich dir,
behüt', o lieber Gott, sie mir.
Vergilt, o Herr, was ich nicht kann,
das Gute, das sie mir getan.
Amen.

Nun geht der Tag zu Ende,
ich falte meine Hände.
Ich freue mich auf morgen,
bei Gott bin ich geborgen.
Amen.

Beten mit der Heiligen Schrift

Sich von der Heiligen Schrift inspirieren lassen ist eine gute Methode, um ins Gebet zu kommen. Ein konkretes Beispiel: Den evangelischen Pfarrer **Georg Christian Dieffenbach** (1822–1901) bewegte eine kleine Szene aus dem Lukas-Evangelium. Der auferstandene Jesus ist mit zwei Jüngern unterwegs nach Emmaus. Noch verstehen die Jünger nicht, wer es ist, der da mit ihnen auf dem Weg ist. Aber sie bitten den Unbekannten: „Bleibe bei uns; denn es wird Abend, der Tag hat sich schon geneigt! Da ging er mit hinein, um bei ihnen zu bleiben" (Lk 24,29). Dieffenbach hat an dieser Stelle einfach weitergebetet und ein Abendgebet geschaffen, das nach über 150 Jahren immer noch geliebt und gerne gesprochen wird: →

Lieber Gott, ich bin noch klein,
kann so vieles nicht allein.
Drum lass Menschen sein auf Erden,
die mir helfen, groß zu werden.
Die mich nähren, die mich kleiden,
die mich führen, die mich leiten,
die mich trösten, wenn ich weine.
Lieber Gott, und dieses eine:
Wenn ich es mal wild getrieben,
mach, dass sie mich trotzdem lieben!
Amen.
Renate Schupp

Eh der Tag zu Ende geht,
spreche ich mein Nachtgebet.
Danke Gott für jede Gabe,
die ich heut empfangen habe.
Bitte Gott für diese Nacht,
dass er mich im Schlaf bewacht.
Dass kein böser Traum mich weckt,
und das Dunkle mich nicht schreckt.
Doch kommt der helle Morgenschein,
lass mich wieder fröhlich sein.
Amen.

Und wieder geht ein Tag zu Ende,
ich leg' ihn, Herr, in deine Hände.
Nimm an, was gut war, froh und recht,
nimm weg, was bös war, traurig, schlecht.
Ich möcht' in deinem Segen ruh'n
und morgen wieder Gutes tun.
Amen.

→ **„Bleibe bei uns, Herr,** denn es will Abend werden, und der Tag hat sich geneigt. Bleibe bei uns und bei deiner ganzen Kirche. Bleibe bei uns am Abend des Tages, am Abend des Lebens, am Abend der Welt. Bleibe bei uns mit deiner Gnade und Güte, mit deinem heiligen Wort und Sakrament, mit deinem Trost und Segen. Bleibe bei uns, wenn über uns kommt die Nacht der Trübsal und Angst, die Nacht des Zweifels und der Anfechtung, die Nacht des bitteren Todes. Bleibe bei uns und allen deinen Gläubigen in Zeit und Ewigkeit. Amen."

149 *Warum beten wir das Vaterunser?*

**Das → Vaterunser
ist ein ganz besonderes Gebet,
denn es ist das einzige Gebet,
das Jesus selbst uns gelehrt hat.
In sieben großen Schritten
zeigt er uns, wie wir zu Gott
sprechen sollen.**

**Vater unser im Himmel,
geheiligt werde dein Name.
Dein Reich komme.
Dein Wille geschehe,
wie im Himmel so auf Erden.
Unser tägliches Brot gib uns heute.
Und vergib uns unsere Schuld,
wie auch wir vergeben unseren Schuldigern.
Und führe uns nicht in Versuchung,
sondern erlöse uns von dem Bösen.**
Denn dein ist das Reich und die Kraft
und die Herrlichkeit in Ewigkeit.
Amen.

→ **i** Um das **Vaterunser,** das wichtigste Gebet der Welt, auszuschöpfen, braucht man ein ganzes Leben. Wenn Eltern ein Kind in den Glauben einführen wollen, dann müssen sie immer wieder mit ihm über das Vaterunser sprechen. Im Folgenden finden Sie Anregungen, mit welchen Worten Sie einem Kind die Bedeutung des Vaterunsers nahebringen können:

● Vater unser ...
Jesus sprach Aramäisch und sagt *Abba* zu Gott, das heißt „Papa" oder Vater. Gott ist ein guter, gerechter, liebevoller, starker Vater; bei ihm können wir uns total geborgen fühlen. Wir sind durch die Taufe seine Kinder geworden. Deshalb sind alle Christen unsere Schwestern und Brüder.

● ... im Himmel, ...
In den Himmel kommst du nicht mit dem Flugzeug. Der Himmel ist, wo Gott ist. So kann ein bisschen Himmel auch mitten unter uns sein. Wo Gott da ist, da ist der Himmel. Da ist Freude ohne Ende. Im Himmel ist Platz für uns. Deshalb brauchen wir keine Angst vor dem Sterben haben. Unser lieber Vater wartet mit ausgebreiteten Armen auf jeden von uns.

● ... geheiligt werde dein Name. ...
Gott möchte, dass ihn alle Menschen kennen, ihn lieben und zu ihm rufen. Dafür hat er uns seinen geheimnisvollen Namen anvertraut: Jahwe = Ich-bin-der-ich-bin-da, ein wunderschöner Name, der zu einem Vater und genauso zu einer Mutter passt. Dieser Name sagt uns: Habt keine Angst! Ich bin doch da! Immer! Gott will, dass wir das wissen, ihm dafür danken und mit ihm in unserem Leben ehrfürchtig umgehen – das heißt ihn „heiligen".

Selbst die besten Freunde Jesu
wussten am Anfang nicht,
wie man gut betet.
So baten sie Jesus:

Sie sahen, dass es niemand
so gut konnte wie Jesus.
Jesus war für sie
der Spezialist für Gott.

Dein Reich komme. ...
Lüge soll verschwinden! Wahrheit soll kommen und Wahrhaftigkeit unter uns! Hass soll der Liebe Platz machen! Krieg soll ein Fremdwort werden! Frieden vermehre sich! Angst mache sich davon! Vertrauen breite sich aus! Mit Jesus hat das Reich Gottes angefangen. Wir brauchen noch viel mehr davon. Hilf uns dazu, Vater im Himmel!

Dein Wille geschehe, wie im Himmel, so auf Erden ...
Der Himmel ist die Welt, in der Gottes Wille immer gilt. Auf der Erde legen wir Gott jede Menge Steine in den Weg. Im Himmel ist es himmlisch. Auf der Erde gibt es Durcheinander, Streit und Tränen, weil jeder seinen Willen durchsetzen möchte. Wir müssen beten, dass wir Gottes Willen erkennen und erfüllen. Denn wenn sich auf der Erde durchsetzt, was Gott will, wird es auch hier himmlisch.

Unser tägliches Brot gib uns heute. ...
Um alles, was wir zum Leben brauchen, sollen wir Gott bitten. Die Armen verstehen das oft besser als die Reichen. Das Problem ist: Menschen sind oft gierig, wollen alles für sich, lassen andere verhungern ...

Und vergib uns unsere Schuld, wie auch wir vergeben unseren Schuldigern. ...
Wir sollen darum beten, dass Gott uns verzeiht, wenn wir böse waren. Gott möchte uns einen neuen Anfang schenken. Und wir sollen es genauso machen: Menschen verzeihen, die böse gegen uns waren. Und neu anfangen ...

Und führe uns nicht in Versuchung, sondern erlöse uns von dem Bösen.
Gott ist kein Fallensteller; er hat niemals böse Pläne mit uns, lässt aber Versuchungen zu. Wir beten daher, dass er uns in der Versuchung stärkt. Gemeint sind Situationen, in denen ich in Gefahr gerate, lieber Böses zu tun, was mich lockt, als Gutes, was mir schwerfällt. Jesus hat übrigens auf Aramäisch gebetet; und von dort übersetzt, könnte es heißen: „Führe uns, auf dass wir nicht in Versuchung fallen!“

150 *Warum wenden wir uns im Gebet an Maria?*

Wir bitten Maria um Fürsprache,
weil Gott durch sie Mensch geworden ist.
Maria ist die Mutter Jesu.
Sie ist auch unsere Mutter.
Denn am Kreuz hat Jesus uns
Maria zur Mutter gegeben.
Liebevolle Mütter helfen ihren Kindern.
Maria tut das auch.

Marienverehrung
Viele Christen tun sich schwer mit Maria, andere übertreiben es. Kindern kann man die bleibende Bedeutung Marias sehr gut erklären mit „Jesus im Bauch von Maria", wie es auf manchen Ikonen zu sehen ist: „Jesus ist der Lebensinhalt von Maria. Sie war um ihn; er war in ihr. Genauso muss die Kirche sein" (YOUCAT Firmbuch, S. 80). Maria ist aber nicht nur der „Rahmen" für Jesus. Sie lebt bei Gott als unsere Mutter; sie fühlt und denkt mit uns. Man kann sie anrufen.

Als Jesus die Mutter sah und bei ihr den Jünger, den er liebte, sagte er zur Mutter: Frau, siehe, dein Sohn! Dann sagte er zu dem Jünger: Siehe, deine Mutter! Und von jener Stunde an nahm sie der Jünger zu sich.
Joh 19,26–27

151 *Wie geht das → „Gegrüßet seist du, Maria"?*

Gegrüßet seist du, Maria,
voll der Gnade, der Herr ist mit dir.
Du bist → gebenedeit unter den Frauen,
und gebenedeit ist die Frucht
deines Leibes: JESUS.
Heilige Maria, Mutter Gottes,
bitte für uns Sünder
jetzt und in der Stunde unseres Todes. Amen.

Die erste Hälfte des Gebetes ist Bibel pur.
Der erste Satz des Gebets ist der Gruß des Engels Gabriel.
Er brachte dem Mädchen Maria die Botschaft,
dass sie ein Kind von Gott bekommt. Der zweite Satz
ist der Freudenruf ihrer Verwandten Elisabet:
„Du bist gebenedeit unter den Frauen...".
Das heißt so viel wie:

„Wow, Maria,
du hast ja mehr Glück
als alle Frauen
auf der ganzen Welt!
Dein Glück ist das Kind
in deinem Bauch: Jesus!"

Den zweiten Teil des Gebetes,
das „Heilige Maria, Mutter Gottes ...",
haben kluge Leute im Mittelalter hinzugefügt.
Maria soll uns helfen in den beiden wichtigsten Momenten
unseres Lebens: „Jetzt ... und in der Stunde unseres Todes".

" Heilige Maria, Mutter Gottes, du hast der Welt das wahre Licht geschenkt, Jesus, deinen Sohn ... Zeige uns Jesus. Führe uns zu ihm. Kehre uns zu ihm, dass wir ihn kennen und ihn lieben, damit auch wir selbst wahrhaft Liebende und Quelle lebendigen Wassers werden können inmitten einer dürstenden Welt.

Mariengebet von Papst Benedikt XVI.

→ **gebenedeit** ist ein altes Wort für "gesegnet"

→ „Gegrüßet seist du, Maria" heißt in Lateinisch „Ave Maria"; deshalb heißt das Gebet auch oft „Ave Maria".

152 *Wie geht der „Engel des Herrn" (Angelus)?*

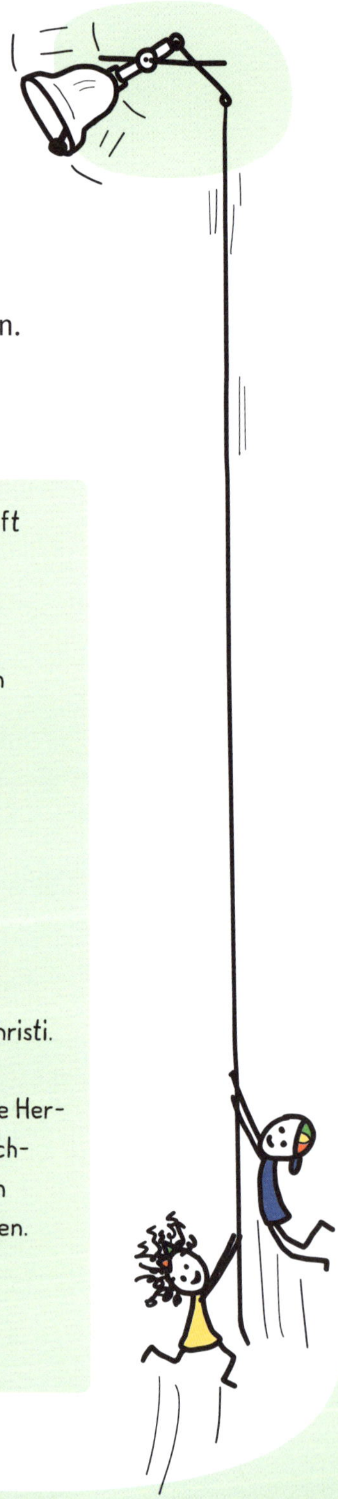

**Der „Angelus" (lat. = Engel) ist ein Gebet,
das aus drei Bibelstellen besteht.
Ihnen folgt jeweils ein „Ave Maria".
Es ist ein Gebet der Freude
über die Menschwerdung Gottes.**

Um 6 Uhr morgens, um 12 Uhr mittags
und um 18 Uhr abends läuten vielerorts die Glocken.
Sie wollen uns an dieses Gebet erinnern,
das viele Menschen gern beten.
Der Angelus geht so:

Vorbeter: Der Engel des Herrn brachte Maria die Botschaft
Alle: ... und sie empfing vom Heiligen Geist.
Gegrüßet seist du, Maria ...

Vorbeter: Maria sprach: Siehe, ich bin die Magd des Herrn
Alle: ... mir geschehe nach deinem Wort.
Gegrüßet seist du, Maria ...

Vorbeter: Und das Wort ist Fleisch geworden
Alle: ... und hat unter uns gewohnt.
Gegrüßet seist du, Maria ...

Vorbeter: Bitte für uns, heilige Gottesmutter
Alle: ... dass wir würdig werden der Verheißungen Christi.

Vorbeter: Allmächtiger Gott, gieße deine Gnade in unsere Herzen ein. Durch die Botschaft des Engels haben wir die Menschwerdung Christi, deines Sohnes, erkannt. Lass uns durch sein Leiden und Kreuz zur Herrlichkeit der Auferstehung gelangen. Darum bitten wir durch Christus, unseren Herrn.

Alle: Amen.

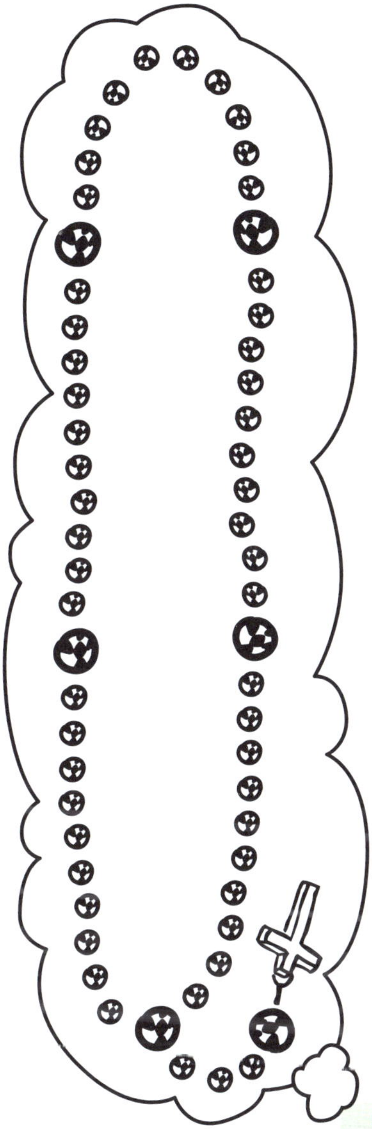

153 *Was ist der Rosenkranz?*

**Der Rosenkranz ist ein Gebet,
durch das man mit Maria
auf das ganze Leben von Jesus schaut.
Niemand ist näher
an Jesus dran als Maria.**

154 *Wie geht der Rosenkranz?*

**Du nimmst den Rosenkranz in die Hand,
fängst beim Kreuz an und
gehst von Perle zu Perle.**

Beim Kreuz sprichst du
das Glaubensbekenntnis (siehe Frage 13).
Bei den großen Perlen betest du das Vaterunser,
bei den kleinen das „Gegrüßet seist du, Maria".
Eine Besonderheit:
Das „Gegrüßet seist du, Maria"
wird nach dem Wort Jesus
durch „Geheimnisse" unterbrochen.
Man sagt zum Beispiel:
„Jesus, ... der für uns gekreuzigt worden ist".
Schau dir dazu die folgende Seite an.

i **Kontemplation** (von lateinischen Wort *contemplatio* „Richten des Blickes auf etwas", „Anschauung", „Betrachtung") nennt man eine Gebetsform, in der man sich mit Liebe, Zeit und Aufmerksamkeit auf ein Geheimnis des Glaubens konzentriert. Der Rosenkranz ist die wahrscheinlich verbreitetste Form kontemplativen Betens. Wer täglich den Rosenkranz betet, wer sich also mit Maria 50-mal auf zentrale Jesus-Geheimnisse bezieht, meditiert 350-mal in der Woche das Wunder unserer Erlösung. Das geht in die Tiefe. Kein Wunder, dass der **heilige Papst Johannes Paul II.** (1920–2005) den Rosenkranz zu seinem „Lieblingsgebet" erklärte und immer wieder dafür warb: „Denn was ist eigentlich der Rosenkranz? Er ist ein Kompendium des Evangeliums, das uns ständig zu den wichtigsten Ereignissen im Leben Christi zurückführt, um uns sein Geheimnis gleichsam ‚einatmen' zu lassen. Der Rosenkranz ist ein

bevorzugter Weg der Kontemplation. Er ist sozusagen der Weg Marias. Denn wer kennt und liebt Christus mehr als sie?"

155 *Wie lauten die „Geheimnisse des Rosenkranzes“?*

Bei jedem Rosenkranz gibt es drei einleitende Anrufungen, die immer gleich bleiben:

Gegrüßet seist du ... **Jesus,** der in uns den Glauben vermehre
Gegrüßet seist du ... **Jesus,** der in uns die Hoffnung stärke
Gegrüßet seist du ... **Jesus,** der in uns die Liebe entzünde
Dann folgen **„Ehre sei dem Vater“** und **„Vaterunser“.**

Danach betet man „5 Gesätze“ (= Zehnerfolgen), entweder

von den Geheimnissen des freudenreichen Rosenkranzes,
den Geheimnissen des lichtreichen Rosenkranzes
den Geheimnissen des schmerzhaften Rosenkranzes,
den Geheimnissen des glorreichen Rosenkranzes,
oder den Geheimnissen des trostreichen Rosenkranzes:

Die Geheimnisse des *freudenreichen* Rosenkranzes
... **Jesus,** den du, o Jungfrau, vom Heiligen Geist empfangen hast
... **Jesus,** den du, o Jungfrau, zu Elisabet getragen hast
... **Jesus,** den du, o Jungfrau, zu Betlehem geboren hast
... **Jesus,** den du, o Jungfrau, im Tempel aufgeopfert hast
... **Jesus,** den du, o Jungfrau, im Tempel wiedergefunden hast

Die Geheimnisse des *lichtreichen* Rosenkranzes
... **Jesus,** der von Johannes getauft worden ist
... **Jesus,** der sich bei der Hochzeit in Kana offenbart hat
... **Jesus,** der uns das Reich Gottes verkündet hat
... **Jesus,** der auf dem Berg verklärt worden ist
... **Jesus,** der uns die Eucharistie geschenkt hat

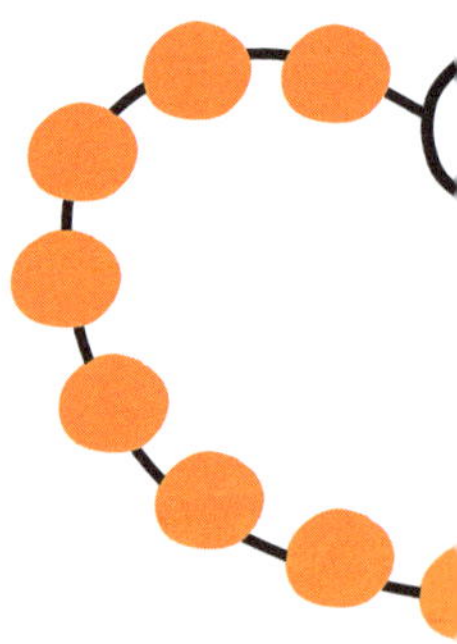

Die Geheimnisse des *schmerzhaften* Rosenkranzes
... **Jesus,** der für uns Blut geschwitzt hat
... **Jesus,** der für uns gegeißelt worden ist
... **Jesus,** der für uns mit Dornen gekrönt worden ist
... **Jesus,** der für uns das schwere Kreuz getragen hat
... **Jesus,** der für uns gekreuzigt worden ist

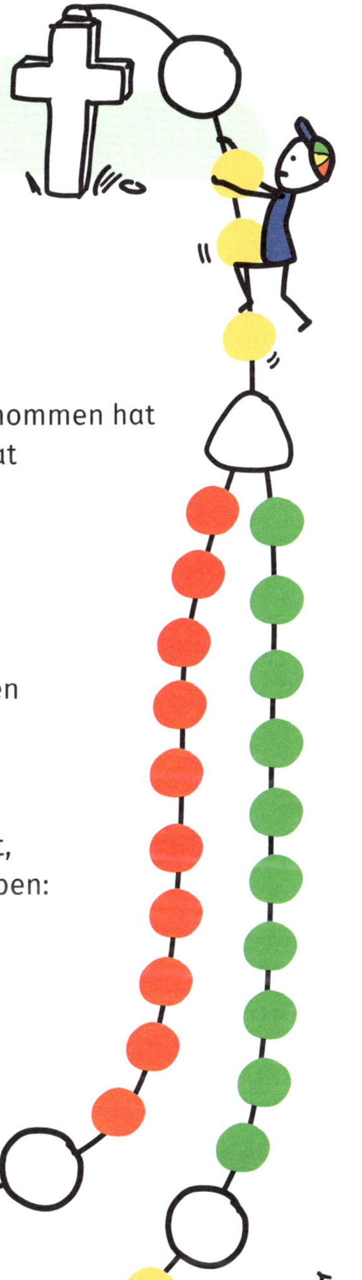

Die Geheimnisse des *glorreichen* Rosenkranzes
... **Jesus,** der von den Toten auferstanden ist
... **Jesus,** der in den Himmel aufgefahren ist
... **Jesus,** der uns den Heiligen Geist gesandt hat
... **Jesus,** der dich, o Jungfrau, in den Himmel aufgenommen hat
... **Jesus,** der dich, o Jungfrau, im Himmel gekrönt hat

Die Geheimnisse des *trostreichen* Rosenkranzes
... **Jesus,** der als König herrscht
... **Jesus,** der in seiner Kirche lebt und wirkt
... **Jesus,** der wiederkommen wird in Herrlichkeit
... **Jesus,** der richten wird die Lebenden und die Toten
... **Jesus,** der alles vollenden wird

Nach jedem Rosenkranzgesätz betet man
ein „Ehre sei dem Vater“ und häufig auch das Gebet,
das die Seherkinder von Fatima 1917 überliefert haben:

„O mein Jesus, verzeih uns unsere Sünden,
bewahre uns vor dem Feuer der Hölle,
führe alle Seelen in den Himmel, besonders jene,
die deiner Barmherzigkeit am meisten bedürfen.“

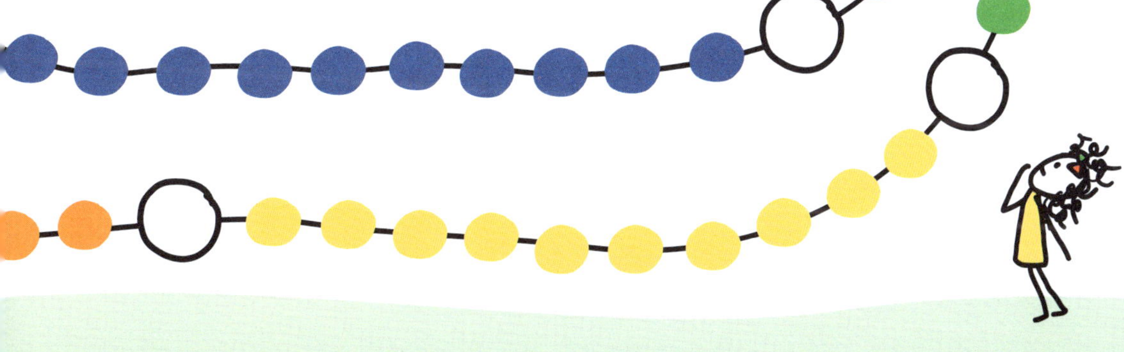

156 *Was sind die Psalmen?*

**Die Psalmen sind 150 ganz alte Lieder,
mit denen das Volk Israel
schon vor über 2000 Jahren
zu Gott gebetet hat.**

Jesus selbst hat mit Worten aus den Psalmen
zu Gott, seinem Vater, gerufen.
Noch heute wenden sich Juden und Christen
mit diesen kraftvollen Worten an Gott.

Der Herr ist mein Hirt,
nichts wird mir fehlen.
Er lässt mich lagern auf grünen Auen
und führt mich zum Ruheplatz am Wasser.
Meine Lebenskraft bringt er zurück.
Er führt mich auf Pfaden der Gerechtigkeit,
getreu seinem Namen.
Auch wenn ich gehe im finsteren Tal,
ich fürchte kein Unheil;
denn du bist bei mir,
dein Stock und dein Stab, sie trösten mich.
Du deckst mir den Tisch
vor den Augen meiner Feinde.
Du hast mein Haupt mit Öl gesalbt,
übervoll ist mein Becher.
Ja, Güte und Huld werden mir folgen mein Leben lang
und heimkehren werde ich ins Haus des Herrn
für lange Zeiten.

Psalm 23

Auch **Psalm 139** ist gut geeignet, um ihn mit Kindern zu beten und Vers für Vers zu betrachten. Aber auch folgende **Psalmen** kann man Kindern erklären und gut mit ihnen gemeinsam beten: **8, 16, 27, 34, 51, 57, 63, 91, 92, 95, 100, 103, 104, 113, 116, 121, 130, 150.**

Der berühmte deutsche Schriftsteller **Arnold Stadler** (*1954) war noch Ministrant, als er zum ersten Mal bewusst einen Psalm hörte; es war bei einer Beerdigung. Ein Pfarrer betete den Psalm 130: „Aus der Tiefe, o Herr, rufe ich zu dir, höre meine Stimme. … Meine Seele erwartet den Herrn mehr als die Wächter das Morgenrot.“ „Es war das erste Mal in meinem Leben“, sagt Stadler, „dass ich auf die Schönheit der Sprache stieß. … Ich vernahm, dass es einen Gott gibt, der ansprechbar war, wenn auch aus der Tiefe.“

157 *Wie geht Segnen?*

Wer segnet, macht ein Kreuzzeichen über Menschen, Tiere oder Dinge. Man kann sie auch mit geweihtem Wasser besprengen. Was gesegnet wird, steht unter dem besonderen Schutz Gottes.

Das lateinische Wort für Segnen heißt *benedicere*. Wörtlich übersetzt heißt das: „Gutes zusprechen". Im Gottesdienst ist es der Priester, der im Namen und in der Kraft Christi den Segen spendet.

Segnen soll aber auch jeder Christ. Auch Eltern können segnen. Deine Mutter segnet dich, wenn sie dir vor dem Schulweg oder beim Gute-Nacht-Sagen ein Kreuz auf die Stirn zeichnet und sagt: „Gott segne dich." Damit sagt sie dir zwei wunderbare Dinge: „Du bist mein Schatz und der Schatz Gottes! Du stehst unter seinem Schutz!" Wenn du vor dem Einschlafen oder vor einer Reise gesegnet werden möchtest, bitte deine Eltern um den Segen.

Auch du kannst segnen, zum Beispiel deinen kleinen Bruder vor dem Einschlafen.

Ein Segen sollst du sein.
Gott zu Abraham in Gen 12,2

Segen für alle
Juden und Christen sehen im Urvater Abraham den Ersten, der an den einen und einzigen Gott glaubte. Dem Mann, der sein ganzes Vertrauen in ihn setzte, bot Gott einen Bund an, in dem Segen für die ganze Menschheit lag.

Der HERR sprach zu Mose: Sag zu Aaron und seinen Söhnen: So sollt ihr die Israeliten segnen; sprecht zu ihnen: Der HERR segne dich und behüte dich. Der HERR lasse sein Angesicht über dich leuchten und sei dir gnädig. Der HERR wende sein Angesicht dir zu und schenke dir Frieden.
Num 6,22–26

158 *Warum beten wir das „Ehre sei dem Vater … "?*

**Der eine und einzige Gott
hat uns gezeigt, dass er der Vater,
der Sohn und der Heilige Geist ist.
Das ist das tiefste Geheimnis des Glaubens,
dass der eine Gott in sich
doch Gemeinschaft ist.**

Um das in Ewigkeit nicht zu vergessen,
beschließen Christen ihre Gebete immer mit:

**„Ehre sei dem Vater und dem Sohn
und dem Heiligen Geist.
Wie im Anfang, so auch jetzt
und alle Zeit und in Ewigkeit. –**

„Du hörst eine wunderbare Musik: Wirst du die Noten loben – und nicht den Komponisten, der sie zu einer Symphonie zusammengefügt hat? Du bist zu einem köstlichen Mahl eingeladen: Wirst du die Kochtöpfe loben – und nicht den Koch, der die Speisen kunstvoll zubereitet hat? Du betrachtest eine prachtvolle Kathedrale: Wirst du die Steine loben – und nicht den Baumeister, der ihre himmelstrebenden Formen ersonnen hat? So ist es auch mit Gott. Er ist der Meister aller Meister; er ist es, der alles erschaffen hat, der alles erhält und alles vollendet in göttlicher Liebe. Wirst du die vergänglichen Spuren seiner Schöpfung bewundern – und nicht IHN, den Schöpfer, dem alle Ehre im Himmel und auf der Erde gebührt?

Luc Serafin (*1953), dt. Journalist und christlicher Autor

159 *Warum beenden wir alle Gebete mit „Amen"?*

**Amen sagen bedeutet:
mit ganzem Herzen zustimmen.**

Amen ist ein hebräisches Wort
und bedeutet wörtlich:
„So sei es!"
Amen darf nie zu einem leeren Wort werden.
Es muss klingen,
als würdest du sagen:
Stark! Super! Genau das!
Hundert Prozent meine Meinung!

Eure Rede sei: Ja ja, nein nein; was darüber hinausgeht, stammt vom Bösen.
Mt 5,37

Amen
Im Alten Testament kommt das Wort „Amen" 30-mal, im Neuen Testament 152-mal vor. Christen sagen das Amen nach einem Gebet. Jesus stellt das Amen häufig auch vor eine besonders wichtige Aussage: „Amen, amen, ich sage euch: Wer glaubt, hat das ewige Leben" (Joh 6,47). Damit will Jesus sagen: Was ich jetzt sage, ist absolut sicher, darauf könnt ihr euch hundertprozentig verlassen. Ein besonderes Amen wird von uns beim Kommunionempfang erwartet; der Priester zeigt uns die gewandelte Hostie und den Kelch mit dem Blut Christi und sagt: „Der Leib Christi ... das Blut Christi." Bevor wir kommunizieren, sollen wir unseren Glauben an dieses Geheimnis bekräftigen und von ganzem Herzen Amen dazu sagen.

Das Leben Jesu

und was Sie über seine Person wissen sollten

Viele Menschen halten das Leben Jesu für eine alte Legende oder für ein frommes Märchen; immer wieder wird sogar behauptet, Jesus habe gar nicht gelebt. Das ist nachweislich falsch. Das Leben Jesu ist sehr früh und sehr gut bezeugt – sogar von seinen offenkundigen Gegnern. Über keinen berühmten Namen in der gesamten → Antike sind wir historisch besser unterrichtet als über Jesus Christus.

Wer sich mit dem Leben Jesu befasst, ist angewiesen auf die historischen Quellen. In erster Linie kommen hier die Evangelien und die Briefliteratur des Neuen Testaments in Betracht. Skeptiker halten diese Schriften aber gerne für erfindungsreiche Tendenzliteratur. Jahrzehnte nach den Ereignissen habe man aus dem gescheiterten Landrabbi Jeschua eine Art Gott gemacht; man habe seine Biographie mit spektakulären Wundern „frisiert", ihm schließlich sogar eine Auferstehung von den Toten angedichtet. Sehen wir genauer hin!

Unbestritten gelten die Schriften des heiligen Paulus als die ältesten Textzeugnisse des Neuen Testaments. Wenn Jesus, wie man mit guten Gründen annimmt, im Jahr 30 gekreuzigt wurde, so kam der rabiate Christenverfolger Saulus um das Jahr 32 oder 33 zum Glauben an Jesus. Etwa um das Jahr 35 dürfte er, der sich nun Paulus nannte, mit den Auferstehungszeugen Petrus und Jakobus zusammengetroffen sein. Möglicherweise war es schon hier, dass man ihm ein Glaubenszeugnis übergab, das als feststehende Formel in der Urkirche in Gebrauch war. Paulus überlieferte es in 1 Kor 15,3–6:

→ Antike nennt man die Zeit von ca. 800 v. Chr. bis ca. 600 n. Chr.

„Denn vor allem habe ich euch überliefert, was auch ich empfangen habe: Christus ist für unsere Sünden gestorben, gemäß der Schrift, und ist begraben worden. Er ist am dritten Tag auferweckt worden, gemäß der Schrift, und erschien dem Kephas, dann den Zwölf. Danach erschien er mehr als fünfhundert Brüdern zugleich; die meisten von ihnen sind noch am Leben, einige sind entschlafen.“

Man muss sich vor Augen halten: Die Auferstehung ist keineswegs ein späte Erfindung, sondern sie wurde bereits kurz nach Jesu Tod (manche meinen sogar: schon zwei bis fünf Jahre danach) bezeugt und bekannt – und zwar durch eine große Schar von Zeitzeugen, die sich damit der Gefahr der Verfolgung aussetzten. Etwas kommt hinzu: Die Auferstehung Jesu von den Toten geschah gewissermaßen auf dem Präsentierteller – mitten in Jerusalem zur Zeit des Pessachfestes. Wie hätte man behaupten können, dass Jesu Grab leer gewesen sei, wenn ganz Jerusalem gewusst hätte, da und da liegt noch heute seine Leiche? Genauso wenig hätte man behaupten können, dass er Wunder gewirkt habe, wenn alle Welt gewusst hätte, dass dies nicht stimmt. Das Gegenteil war der Fall; weder das leere Grab noch die Wunder wurden in den antichristlichen jüdischen Schriften bestritten, sie wurden nur anders begründet. Der Leichnam sei gestohlen worden, so hieß es, und Jesu Wunderkräfte würden zeigen, dass er ein Hexenmeister, also mit dem Satan im Bunde, gewesen sei.

Aber nicht nur die Evangelien und die Briefliteratur des frühen Christentums bezeugen die reale Existenz Jesu und dass eine Fülle von „christlichen“ Angaben über Jesus glaubwürdig sind. So erwähnt der römische Historiker Flavius Josephus Jesus in den „Jüdischen Altertümern“ (vollendet gegen 93 n. Chr.): *„Er (gemeint ist der Hohepriester Ananus) berief eine Versammlung des Hohen Rates ein und brachte vor ihn den Jacobus, den Bruder Jesu, den man den Christus nannte, und einige andere. Er beschuldigte sie, das Gesetz übertreten zu haben, und ließ sie steinigen.“*[1] Den wichtigsten Hinweis auf Jesus, den wir außerhalb des Neuen Testaments finden, gibt uns der römische Historiker Tacitus. Im Jahr 115 schreibt er, dass Nero die Christen als Sündenböcke für den Brand von Rom verfolgt habe, um den Verdacht von sich abzulenken: *„Nero schob die Schuld auf die, die das Volk wegen ihrer abscheuli-*

[1] Flavius Josephus, Jüdische Altertümer 20,200

chen Taten hasste und die Christen genannt wurden, und er verhängte gegen sie die außerordentlichsten Strafen. Christus, von dem sie diesen Namen ableiteten, wurde in der Regierungszeit des Tiberius unter Pontius Pilatus zum grausamen Tode verurteilt. Ein verderblicher Aberglaube, der eine Zeit zurückgedrängt wurde, bald wieder aufbrach, und zwar nicht nur in Judäa, wo dieses Übel seinen Ursprung hat, sondern auch in Rom. (...) Also wurden zuerst diejenigen verhaftet, die sich schuldig bekannten, dann wurde aufgrund ihrer Aussagen eine ungeheure Menge der Schuld überführt, nicht so sehr wegen des Verbrechens der Brandstiftung als vielmehr wegen des Hasses gegen die Menschen."[2]

Gesetzt den Fall, wir hätten die Bibel nicht und wüssten nur aus antiken Dokumenten von Jesus, dann wüssten wir noch immer erstaunlich viel:

1. dass Jesus ein jüdischer Lehrer war,
2. dass viele Menschen glaubten, dass er Heilungen und Dämonenaustreibungen vollbrachte,
3. dass ihn viele für den Messias hielten und als Gott verehrten,
4. dass er von den jüdischen Autoritäten abgelehnt wurde,
5. dass er unter Pontius Pilatus in der Regierungszeit des Kaisers Tiberius gekreuzigt wurde,
6. dass seine Nachfolger trotz seines schmählichen Todes glaubten, dass er lebendig war, und dass der christliche Glaube sich über Palästina hinaus ausbreitete, so dass es schon 64 n. Chr. eine ungeheure Menge von Christen in Rom gab,
7. und dass Menschen in der Stadt und auf dem Land – Männer, Frauen, Sklaven und Freie – Jesus als Gott verehrten.

Diese Fakten decken sich mit den Schriften des Neuen Testaments, wie es auch immer mehr archäologische Bestätigungen der biblischen Berichte gibt. So haben wir gute Gründe, dem Neuen Testament zu trauen. Wenn Sie Ihrem Kind in einfachen Worten von Jesus erzählen, bewegen Sie sich durchaus auf historischem Boden und nicht im Land der Märchen. Und so etwa könnten Sie ihrem Kind die Geschichte von Jesus im Zusammenhang erzählen:

[2] Tacitus Annalen, 15.44

Jesus wurde zur Zeit des römischen Kaisers Augustus (Kaiser von 31 vor bis 14 nach Christus) in Betlehem geboren. Bald darauf, so erzählt die Bibel, mussten Maria und Josef mit dem Baby Jesus vor dem gewalttätigen Herrscher Herodes nach Ägypten fliehen, wo sie bis zu drei Jahre blieben. Danach lebte Jesus in Nazaret im heutigen Israel.

Josef war ein kleiner Bauunternehmer und Handwerker. Seinen Lebensunterhalt verdiente er vermutlich beim Wiederaufbau der Stadt Sepphoris in der Nähe von Nazaret. Auch Jesus wird dort gearbeitet haben, denn er erlernte den gleichen Beruf wie Josef. Anzunehmen ist, dass Jesus wie alle Jungen in Israel mit etwa sechs Jahren in der → Synagoge eingeschult wurde. Jesus muss ein besonders begabtes Kind gewesen sein: Als die Familie mit dem Zwölfjährigen in die Hauptstadt Jerusalem reiste, verblüffte der Junge die Tempellehrer mit seinem Wissen und seiner Klugheit.

Erst als Jesus etwa 30 Jahre alt war, verließ er sein Heimatdorf Nazaret. Er sammelte Männer und Frauen um sich, die mit ihm von Ort zu Ort zogen. Wo er hinkam, erregte er Aufsehen, so dass ihm zunächst Tausende von Menschen hinterherliefen, weil sie ihn live erleben wollten: Er liebte die Leute – besonders die Armen, Kleinen und Unbedeutenden – und sie liebten ihn. Manche wollten von Jesus hören, wie sie ein besseres Leben führen könnten. Andere wollte die Wunder sehen, die Jesus wirkte: Blinden schenkte er das Augenlicht. Lahme konnten wieder gehen. Sogar Tote erweckte er zum Leben. Jesus selbst war es wichtiger, den Menschen ihre Sünden zu vergeben. *„Wie kann er das tun? Das kann nur Gott", sagten einige Gesetzeslehrer. „Er lästert Gott!"* (Mk 2,7). Und sie begannen Jesus zu hassen.

Seine Jünger lebten bei ihm wie in einer Schule Gottes. Jesus machte nicht alles selbst. Wenn Jesus in ein bestimmtes Dorf gehen wollte, schickte er Jünger zu zwei und zwei voraus, um die Herzen der Menschen für Gott und für eine neue Art zu leben zu gewinnen. Er gab ihnen sogar die Vollmacht zu heilen und Dämonen auszutreiben. Sie lebten von der Gastfreundschaft der Menschen, von Spenden und Geschenken.

Bald war Jesus so bekannt, dass man ihn als von Gott gesandten Retter und König feierte. Das brachte die Schriftgelehrten und Hohepriester gegen ihn auf. Sie hielten Jesus für einen Gotteslästerer. Die Leute hörten aber mehr auf Jesus als auf sie. Daher versuchte man mit allen Mitteln, ihn zum Schweigen zu bringen.

→ Eine Synagoge ist ein Haus des Gebets und eine Gottesschule der Juden

Jesus wusste, dass er sterben würde. So versammelte er in Jerusalem ein letztes Mal seine Freunde um sich, um mit ihnen → Pessach zu feiern. Als er beim Mahl das Brot brach und den Kelch mit Wein erhob, sagte er: „Das ist mein Leib!“ (Mk 14,22) und „Das ist mein Blut!“ (Mk 14,24). So sehr wünschte er, eins mit ihnen zu sein. Am Karfreitag opferte Jesus tatsächlich seinen Leib und vergoss sein Blut für uns.

Man tötete Jesus wie einen Verbrecher: Er starb, an ein Holzkreuz genagelt. Jesus, der niemals Gewalt angewandt und nichts als die Liebe gelehrt hatte, erstickte unter grauenhaften Schmerzen. Die Jünger waren tieftraurig und total enttäuscht, denn sie dachten doch, ihr Herr und Meister sei der von Gott gesandte Messias und Retter. Der Leichnam Jesu wurde einbalsamiert und in ein bewachtes Felsengrab gelegt.

Am dritten Tag nach Jesu Tod aber kamen befreundete Frauen zum Grab und fanden es leer. War die Leiche Jesu gestohlen worden? Nein, Jesus war vom Tod auferstanden. Die Apostel und Jünger, einmal sogar „mehr als fünfhundert Brüder zugleich“ (1 Kor 15,6), sahen Jesus bald lebendig. Er aß und trank mit ihnen und zeigte ihnen sogar seine Wunden, damit sie ihm glaubten.

Was mit Jesus begonnen hatte, verschwand nicht. „Geht in alle Welt, macht alle Menschen zu meinen Jüngern“ (Mt 28,19), hatte der Auferstandene den Jüngern aufgetragen, und er hatte ihnen den Heiligen Geist versprochen. Noch versteckten sich die Jünger voll Angst.

Erst zu Pfingsten wurden sie von einer Welle des Mutes und der Kraft erfasst. In nicht einmal hundert Jahren verbreitete sich der christliche Glaube im gesamten Römischen Reich. Bis zum heutigen Tag bezeugen große und kleine, junge und alte, berühmte, aber auch völlig unbekannte Christen, dass Jesus wirklich lebt. Mit über 2 Milliarden Gläubigen in allen Ländern der Erde ist das Christentum die größte Religion der Welt.

→ Das jährliche Fest, bei dem die Juden an die Rettung aus der Sklaverei in Ägypten denken. Im Mittelpunkt des Festes steht ein großes Mahl.

Die Bilder zum Leben Jesu sind dem Spielfilm „Das erste Evangelium Matthäus“ von Pier Paolo Pasolini (1962) entnommen.

Stichwortverzeichnis

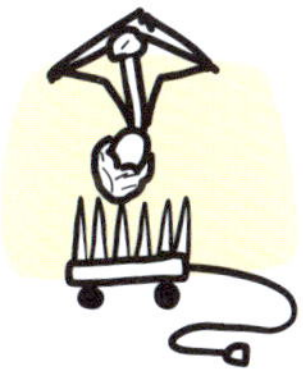

Verzeichnis der Bibelstellen

Abkürzung der biblischen Bücher

Gen Genesis
Ex Exodus
Lev Levitukus
Num Numeri
Dtn Deuteronomium
Jos Josua
Ri Richter
Rut Rut
1 Sam 1 Samuel
2 Sam 2 Samuel
1 Kön 1 Könige
2 Kön 2 Könige
1 Chron 1 Chronik
2 Chron 2 Chronik
Esra Esra
Neh Nehemia
Tob Tobit
Jdt Judit
Est Ester
1 Makk 1 Makkabäer
2 Makk 2 Makkabäer
Ijob Ijob
Ps Psalmen
Spr Sprichwörter
Koh Kohelet
Hld Hohelied
Weish Weisheit
Sir Jesus Sirach
Jes Jesaja
Jer Jeremia
Klgl Klagelieder
Bar Baruch
Ez Ezechiel
Dan Daniel
Hos Hosea
Joel Joel
Am Amos
Obd Obadja
Jona Jona
Mi Micha
Nah Nahum
Hab Habakuk
Zef Zefania
Hag Haggai
Sach Sacharja
Mal Maleachi
Mt Matthäus
Mk Markus
Lk Lukas
Joh Johannes
Apg Apostelgeschichte
Röm Römerbrief
1 Kor 1. Korintherbrief
2 Kor 2. Korintherbrief
Gal Galaterbrief
Eph Epheserbrief
Phil Philipperbrief
Kol Kolosserbrief
1 Thess 1. Thessalonicherbrief
2 Thess 2. Thessalonicherbrief
1 Tim 1. Timotheusbrief
2 Tim 2. Timotheusbrief
Tit Titusbrief
Phlm Philemonbrief
Hebr Hebräerbrief
Jak Jakobusbrief
1 Petr 1. Petrusbrief
2 Petr 2. Petrusbrief
1 Joh 1. Johannesbrief
2 Joh 2. Johannesbrief
3 Joh 3. Johannesbrief
Jud Judasbrief
Offb Offenbarung des Johannes

Namensverzeichnis

→ Auflösung des Quiz auf Seite 113:
Es ist der heilige Bischof Nikolaus von Myra! Er lebte im 4. Jahrhundert in der heutigen Türkei. Oft wird er mit dem „Weihnachtsmann“ verwechselt. Es sind nicht dieselben, denn den „Weihnachtsmann“ gibt es gar nicht. Den heiligen Nikolaus gab es schon!

Bildnachweis

Vor- und Nachsatz:
Felipe Belloni; Martine Boutros; Charles Costantine; Thomas Crouzier; Ildikò von Ketteler; Mattia Mohr; Father Jude Thaddeus Langeh; Alexander von Lengerke; Pixabay, lizensiert CC0 1.0; Albus Pioquinto; Peter Rydzon Jodi Stauffer

12, 44, 102, 202: Arthur P. Strong/Ingrid Franzon; 23: Ingo Fischer; 26: PeopleImages (Stock-Fotografie); 106: travnikovstudio (Stock-Fotografie); 109: Birgit Korber (Stock-Fotografie); 194: Aldo Murillo (Stock-Fotografie); 70: S. Chiara Audiovisivi Soc. Coop. a.r.l.; 72: Gedenkstätte Deutscher Widerstand; 83: Amador Alvarez; 86: Erich Lessing; 97: Martin Kornas; 114: Loretto (Gianna Mohr, Lucia Berktold); 116: Pressestelle Bistum Augsburg; 132: Martine Boutros; 131: Father Jude Thaddeus Langeh; 152: Alexander von Lengerke; 173: Raphael M. Bonelli; 140: Philipp Werner/Stefanie Bross; 144: Richard Hörmann; 168: CNS/Crosiers; 196: Football Tribe Asia; 224-229: Angelo Novi/Cineteca di Bologna

Creative Commons-Lizenz by-sa.2.0:
5, 6, 32: Korean Culture and Information Service (Jeon Han); 21, 62, 95, 170: Agamitsudo; 17, 31, 34, 37, 45, 61, 71, 76, 103, 112, 128, 130, 155, 160, 179, 196 f., 201, 215: Flickr; 42, 87, 151, 158, 165, 176, 192, 197: Túrelio; 65, 95, 101, 117, 121, 159, 204, Wikimedia Commons; 220: Blaues Sofa

Creative Commons-Lizenz by-sa.3.0:
16, 22, 89, 178 Deutsches Bundesarchiv (146-1987-074-16, 183-W0409-300, Rolf Unterberg/3B145-00014770, 46-1983-098-20); 60: RPP-Institut
102, 143, 158, 178: Wikimedia Commons; 105: Fernando Frazão/Agência Brasil; 117: Dietmar Jendreyzik; 154: Beeldbank Nationaal Archief

Creative Commons-Lizenz by-sa.4.0:
33, 79: Wikimedia Commons; 88: Michael Kranewitter; 187: ETH-Bibliothek

Creative Commons Public Domain
14, 116: Sandro Botticelli; 35, 168: John Everett Millais; 41: Saint Catherine's Monastery, Sinai (Egypt)/K. Weitzmann; 42, 43, 44, 75, 78, 79, 146, 147, 149, 153, 165, 181, 191, 200, 202, 204, 209, 217, 241: Unknown; 43: Stefan Bernd; 80: National Gallery London; 113: Library of Congress; 139: Ernest Herbert Mills; 181: Johann Schäfer; 185: Jastrow; 186: USA International Trade Administration; 141: Nobel Foundation; 23, 60, 163, 204, 241: Pixabay, lizensiert CC0 1.0; 118: Demetrio (Cathopic); 35, 45, 50, 74, 87, 110, 113, 145, 147, 149, 151, 157, 159, 191, 203: Luis Ángel Espinosa (Cathopic); 12, 24, 89, 105, 126, 127, 133, 138, 151, 188, 208: Heiligenlexikon; 221: Abraham Lilien

Textnachweis

Seite 15: Tagebuch der Schwester Maria Faustyna Kowalska, 10. Aufl., S. 520, Absatz 1754 © Parvis-Verlag, Hauteville 2017

Seite 30: Martin Buber, Begegnung. Autobiographische Fragmente © Gütersloher Verlagshaus, Gütersloh 2001, in der Verlagsgruppe Random House GmbH

Seite 75: Albrecht Beutel, Gerhard Ebeling – Eine Biographie, S. 287 © Mohr Siebeck, Tübingen 2012

Seite 100: Bertolt Brecht, Werke. Große kommentierte Frankfurter und Berliner Ausgabe, Bd. 21, S. 248 © Bertolt-Brecht-Erben/Suhrkamp Verlag, Berlin 1992

Seite 141: André Gide, Gesammelte Werke, Bd. III, Autobiographisches Tagebuch 1923-1939 © DVA, München 2000, in der Verlagsgruppe Random House GmbH

Seite 183: Tabea Freitag © return – Fachstelle Mediensucht Hannover

Seite 204: Romano Guardini, Von heiligen Zeichen, 9. Aufl., S. 23 © Matthias-Grünewald-Verlag, Ostfildern, 2016

Seite 206: Rolf Krenzer © Dagmar Krenzer-Domina, Dillenburg

Seite 206: Ulrich Grasberger, Meine schönsten Kindergebete © Bassermann Verlag, München 2014, in der Verlagsgruppe Random House GmbH

Seite 211: © Renate Schupp

Seite 211: Abendlob, Gebete & Segensworte © St. Benno Verlag, Leipzig 2016

Kunst im YOUCAT for Kids

Meister Bertram von Minden
(1345–1415)
Die Erschaffung der Tiere
Seite 29

Lombardischer Künstler
(15. Jahrhundert)
Studie für das letzte Abendmahl
Seite 40

Fra Angelico
(1395–1455)
Verkündigung an Maria
Seite 47

Giotto di Bondone
(1287–1337)
Das Jüngste Gericht
Seite 77

Konrad von Soest
(1370–1422)
Wildunger Altar,
Pfingsten
Seite 81

Jaume Ferrer Bassa
(ca. 1285–1348)
Pfingsten
Seite 83

Gaudenzio Ferrari
(1475–1546)
Die Auferstehung
Christi aus dem Grab
Seite 66

Mihály Munkácsy
(1844–1900)
Ecce homo
Seite 58

Benvenuto Tisi Garofalo
(1481–1559)
Himmelfahrt Christi
Seite 73

Eugène Burnand
(1850–1921)
Petrus und Johannes
eilen zum Grab
Seite 86

Rembrandt van Rijn
(1606–1669)
Die Heimkehr des
verlorenen Sohnes
Seite 94

Albrecht Altdorfer
(1480–1538)
Die Alexanderschlacht
Seite 100

Online-Bonusmaterial
für Kinder

Auf der YOUCAT-Webseite steht zu vielen Themen kostenloses Bonusmaterial bereit. Kurze Videos und interaktive Spiele helfen dabei, die Inhalte zu vertiefen, neue Impulse zu setzen und das Lernen abwechslungsreich und lebendig zu gestalten. Viel Spaß!

YOUCAT FOUNDATION

www.youcat.org/de